12과로 된 new 쑥쑥3 주니어

KB067035

J PLUS
Language Publishing Co.

머리말

중국은 이제 더 이상 그 중요성을 강조하지 않아도 될 만큼 우리 앞에 가까이 다가와 있습니다. 1992년 8월 양국이 수교한지도 벌써 20년이 훌쩍 넘었으며 그동안의 교류 성과 역시 우리의 예상을 뛰어 넘고 있습니다. 그러나 더욱 중요한 것은 미래의 한국 발전을 위해 중국은 이제는 우리가 선택적으로 고려할 수 있는 대상이 아닌 필수적인 대상이 되었다는 데 있습니다.

중국은 지속적으로 추진한 개혁 개방의 성과를 바탕으로 명실상부한 경제 강국이 되었으며 자연스럽게 국제 정치적 지위도 상승해 이제는 미국과 어깨를 나란히 할 수 있는 세계의 중심 국가가 되었습니다. 이런 거대한 정치 경제적 실체를 이웃하고 있는 우리에게 중국은 기회이자 도전입니다.

이제 우리 앞에 놓여진 일은 이러한 중국을 어떻게 기회의 땅으로 만들 것인가 하는 데 있습니다. 그러기 위해서는 당연히 중국에 대한 기본적 이해가 선행되어야 할 것입니다. 한 국가를 이해하는 데 있어 가장 중요한 것은 우선 그들의 언어를 이해하는 것입니다. 언어에는 한 민족, 국가의 사상과 문화가 고스란히 담겨 있기 때문입니다.

언어는 해당 국가 현지에서 살지 않는 한 모국어 체계가 잡힌 후 바로 시작하는 것이 좋습니다. 이 책은 중국 이해의 첫 번째 단계로서 미래의 동량들에게 꼭 필요한 주니어 중국어 학습서입니다. 이 책을 지은 필자들은 집필 당시 한국외국어대학교 통역번역대학원 한중과 재학생들로 각자가 그동안 어린이 개인교습, 중학교 강의, 학원 강의 등을 통해 얻은 소중한 경험과 풍부한 언어적 지식을 바탕으로 저술한 것입니다. 특히 현실감 있고 생동감 있는 내용과 주제를 가지고 중국어에 대한 흥미를 유발시킬 수 있도록 기획이 되었기 때문에 중국어를 처음 접하는 학생들에게 좋은 길잡이가 될 것으로 확신합니다.

여러 사람의 정성이 깃든 이 책이 미래 중국과의 긍정적 교류에 이바지 할 수 있을 것을 믿어 의심치 않으며 중국어를 배우고자 하는 많은 어린이와 학생들에게 중국어와 친해질 수 있는 계기가 되기를 바랍니다.

한국외국어대학교 중국어통번역학과 교수 강 준 영

이 책의 구성

이 책의 대상은 주니어(초등학생이나 중학생)에 맞춰져 있지만, 중국어를 배우고자 하는 분이라면 누구나 쉽고 재미있게 배울 수 있도록 친근한 소재와 재미있고 현장감있는 삽화, 게임 등을 활용하였습니다. 이 책은 다음과 같이 구성하였습니다.

학교나 일상생활에서 쉽게 접할 수 있는 여러 상황을 통하여 차근 차근 익힐 수 있도록 재미있는 삽화와 함께 구성하였습니다.

본문을 좀더 자세히 설명하고 예문을 제시하여 충분히 연습할 수 있도록 하였습니다. 반복해서 듣고 따라하다 보면 중국어가 저절 로 입에서 나오는 효과를 볼 수 있습니다.

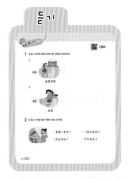

본문과 해설, 심화학습에서 배운 표현을 네이티브의 발음을 들으며 확인하는 부분입니다.

재미있는 연습문제와 활동을 통하여 자신의 것으로 소화하여 직접 말할 수 있게 하였습니다.

신나게 박자에 맞추어 노래 또는 챈트를 따라 부르며 쉬어 가도록 하였습니다.

중국은 어떤 나라인지 가까운 이웃 중국에 대해 평소에 궁금 했던 중국 문화를 담았습니다.

 QR코드 수록

본문, 해설, 심화학습, 듣기, 노래/챈트, 단어가 모두 들어 있습니다.

3

차례

NEW 쑥쑥 주니어 중국어 ❸권 학습 내용

제목	해설	심화학습
❶ 你想给她什么礼物?	· 你想给她什么礼物? 给는 '~에게 ~을 주다'라는 뜻으로 '给+사람+사물'의 형태로 쓴다. · 我们一起去买礼物怎么样? 去+동사 ~하러 가다 · 好主意! 좋은 생각이라고 맞장구 칠 때 쓰는 표현	· 送给 给는 동사 뒤에서 보어로 쓰여, '주다'는 뜻을 가진다. 送给 주다 / 借给 빌려 주다 / 寄给 보내 주다 · 헤어질 때 인사말 明天见! / 下午见! / 星期天见! / 一会儿见! / 下次见! / 改天见!
❷ 我来晚了。	· 我来晚了。 晚은 동사 来뒤에서 동작의 결과를 보충해 준다. (결과보어) 来晚 늦게 왔다 / 约好 약속했다 / 买到 샀다 · 才 어떤 일이나 행동이 늦었음을 나타낸다.	· 好 / 到 결과보어로써 동작이 잘 마무리 되었음(好), 목적에 도달했음(到)을 나타낸다. (说好 / 做好 / 看到 / 听到) · 快要 ~了 곧 ~하다
❸ 祝你生日快乐!	· 不A不B A하지도 않고 B하지도 않다 · 有点儿 조금, 약간	· 반대되는 말 大-小 / 多-少 / 高-低 / 长-短 / 深-浅 / 重-轻 / 贵-便宜 / 难-容易 / 新-旧 / 快-慢 · 축복하는 말
❹ 你吃过中国饺子吗?	· 동사 + 过 '~한 적이 있다'는 뜻으로 과거의 경험을 나타내고, 부정은 '没+동사+ 过'의 형태로 쓴다. · 如果~, 就~ 만약 ~라면, ~이다'라는 뜻으로 가정을 나타낸다.	· 差不多 비슷하다, 별 차이 없다 · A跟B一样 비교 결과 같거나 비슷한 것을 나타낼 때 쓴다. 부정은 'A跟B不一样'의 형태로 쓴다.
❺ 谁跑得快?	· 觉得 ~라고 여기다, 느끼다 · 跑得快 得 뒤에 나오는 快는 跑의 정도를 나타낸다. (정도보어)	· 他回答得对不对? 정반의문문이나 부정문은 得 뒤에서 만든다. · 这几天我忙得很。 得 뒤에 很을 붙여서 정도를 나타낼 수 있다.
❻ 好是好, 可是太贵了。	· A是A, 可是~ A하긴 한데, ~하다 · 又A又B A하기도 하고 B하기도 하다	· 怎么卖? 과일이나 고기 등 근 단위로 파는 물건이 얼마인지 묻는 표현. · 打九折 10% 할인(90% 할인이 아님) 打折 할인하다

제목	해설	심화학습
❼ **风景怎么这么美!**	· 除了A以外, ~ 除了A以外, 还/也~ A이외에 더 ~ 하다 除了A以外, 都/没有~ A이외에, 모두 ~하다/~하지 않다 · 从来 지금까지(뒤에 주로 부정적인 내용이 옴) · 怎么这么 어쩜 이렇게	· 名不虚传 名不虚传 명성이 듣던 그대로이다 对牛弹琴 소 귀에 경 읽기 如鱼得水 자신에게 적합한 환경을 얻다 与众不同 남보다 뛰어나다 · 一A, 就B A하자마자 곧 B하다
❽ **看不见黑板上的字。**	· 看不见黑板上的字。 看과 见사이에 得을 넣어 가능을 나타내고, 不를 넣어 불가능을 나타낸다.(가능보어) · 越~越~ ~하면 할수록 ~하다	· 吃得了 동사+得了/不了~할 수 있다/없다 · 정도의 得와 가능의 得 정도보어 (부정) 跑得不快 (의문) 跑得快不快? 가능보어 (부정) 看不见 (의문) 看得见看不见? · 要不然 그렇지 않으면
❾ **你哪儿不舒服?**	· 你哪儿不舒服? '어디가 아프냐'고 묻는 표현 头疼 머리가 아프다 / 肚子疼 배가 아프다 / 冒冷汗 식은땀이 나다 / 发烧 열이 나다 / 咳嗽 기침하다 / 嗓子疼 목이 아프다 · 好像 마치 ~같다 · 就 이미, 벌써	· 去医院打针吃药就会好的。 打针 주사를 맞다 / 吃药 약을 먹다 打点滴 링거를 맞다 / 量体温 체온을 재다 / 看病 진찰받다 / 住院 입원하다 · 才와 就 才는 시간적으로 늦거나 느릴 때, 就는 이르거나 빠를 때 쓴다.
❿ **你以后想当什么?**	· 或者 둘 중의 하나 · 不管~, 都 ~에 관계없이, 상관없이	· 여러 가지 직업 律师 / 空中小姐 / 总统 / 医生 / 公司职员 / 警察 / 画家 / 演员 / 服装设计师 · 着 '~하고 있다'라는 뜻으로 동작과 상태가 지속되고 있음을 나타낸다.
⓫ **明天你打算做什么?**	· 打算 ~하려고 하다, ~할 계획이다 · 每次 매번	· 只是~而已 단지 ~일 뿐이다 · 总是 늘, 줄곧 · 又 '또, 다시'라는 뜻으로 일이 반복되어 발생했을 때 씁니다.
⓬ **不是吃月饼,而是吃饺子。**	· 不但~而且~ '~일 뿐만 아니라 ~도'라는 뜻으로 '而且'는 '也, 还'를 써서 표현할 수 있다. · 不是~而是~ ~이 아니고 ~이다	· 东西 각종 물건이나 음식을 가리키는 말이다. · 새해에 할 수 있는 말 过年好! / 新年好! / 新年快乐! / 春节愉快! / 祝你万事如意! / 恭喜发财! / 身体健康, 心想事成!

NEW 쑥쑥 주니어 중국어 ①권 학습 내용

❶ 你好!
- 다양한 인사말 你们好! / 早上好! / 大家好! / 老师好!
- 你叫什么名字? 이름을 묻는 표현
- 您贵姓? 어른에게 성을 묻는 표현(您은 你의 높임말)

❷ 你是韩国人吗?
- 是 ~이다 / 不是 ~이 아니다
- 吗 ~입니까? / 哪 어느
- 나라 이름 + 人 ~나라 사람
  韩国 / 中国 / 美国 / 日本 + 人

❸ 你家有几口人?
- 你家有几口人? 가족이 몇 명인지 묻는 표현
- 有 ~ 있다 / 没有~ 없다
- 几 10 이하의 숫자를 물어볼 때 쓰는 표현
- 1~10까지 숫자 익히기

❹ 这是什么?
- 这 이것(가까운 사물) / 那 저것(멀리 있는 사물)
- 的 ~의(소유)
- 谁 누구

❺ 你今年多大了?
- 你今年多大了? 나이를 묻는 표현
- 今年 前年 / 去年 / 今年 / 明年 / 后年
- 100이상의 숫자 세는 법
- 呢 ~는요? / 也 ~도, 또한

❻ 今天几月几号?
- 今天几月几号? 날짜를 묻는 표현
- 今天 前天 / 昨天 / 明天 / 后天
- 요일 星期一 / 星期二 / 星期三 / 星期四 / 星期五 /
  星期六 / 星期天

❼ 你去哪儿?
- 장소 이름 朋友家 / 洗手间 / 书店 / 网吧 / 文具店 / 教室 / 银行 / 学校 / 超市 / 邮局
- 在 ~에 있다 / 不在 ~에 없다
- 这儿 / 那儿 / 哪儿

❽ 现在几点?
- 现在几点? 몇 시인지 묻는 표현
- 点 ~시 / 分 ~분
- 差 ~전 / 刻 15 분 / 半 30분
- 快~吧 빨리 ~하자

❾ 喂, 您好!
- 喂 여보세요(전화할 때 처음 하는 말)
- 一会儿 잠시, 잠깐
- 你的电话号码是多少? 전화번호를 물을 때 쓰는 표현
- 전화에서 자주 쓰는 표현

❿ 多少钱?
- 要 원하다, ~하려고 하다
- 중국의 화폐단위 块 / 毛 / 分
- 양사 个 / 杯 / 本
- 两 两点 / 两个 / 两块 / 两天 / 两个月

⓫ 你喜欢什么?
- 喜欢 좋아하다
- 색깔 蓝色 / 红色 / 白色 / 黑色 / 粉红色 / 天蓝色 / 豆绿色 / 灰色 / 黄色 / 紫色 / 橘黄色 / 绿色

⓬ 你忙不忙?
- 忙不忙 忙(긍정) + 不忙(부정)의 정반의문문
  (有没有, 是不是)
- 太~了 너무~하다
- 一起~吧 같이 ~하자

NEW 쑥쑥 주니어 중국어 ②권 학습 내용

① 你会游泳吗?

· 会 ~할 줄 안다 / 不会 ~할 줄 모른다
· 一点儿也+부정 조금도 ~하지 않다
· 会不会 할 줄 아니?
· 운동 이름 游泳/ 篮球 / 网球 / 棒球 / 排球 / 足球 / 乒乓球 / 羽毛球 / 滑雪 / 滑冰

② 你要做什么?

· 要 ~하려고 하다
· 对不对 맞지?
· 不想 ~하고 싶지 않다
· 以后 ~후에

③ 我想喝可乐。

· 想 ~하고 싶다 / 不想 ~하고 싶지 않다
· 的 ~의 것
· 맛에 대한 말 甜 / 辣 / 酸 / 咸 / 苦 / 油腻

④ 明天天气怎么样?

· 날씨에 관한 표현 晴天 / 阴天 / 下雪 / 下雨 / 刮风 / 有雾 / 暖和 / 热 / 凉快 / 冷
· 봄, 여름, 가을, 겨울 春天 / 夏天 / 秋天 / 冬天
· 别 ~하지 마라

⑤ 请你帮我一下儿。

· 请을 사용한 표현
· 一下儿 한번 ~해 보다
· 不用 ~할 필요 없다

⑥ 你想去明洞，还是去仁寺洞？

· A 还是 B A인가 아니면 B인가?
· 什么时候 언제
· 听说 듣자 하니
· 就这么~吧 그렇게 ~하기로 하자

⑦ 请问，地铁站怎么走?

· 怎么走? 어떻게 가요?
· 离 ~로부터, ~에서
· 방향을 나타내는 말 前后 / 左右 / 上下 / 里外 / 东西南北
· 길 묻고 답하는 표현

⑧ 我可以进去吗?

· 可以 ~해도 된다 / 不可以(不行) ~하면 안 된다
· 正在~呢 지금 ~하는 중이다
· 可不可以 ~해도 돼요?
· 进去 / 进来 들어가다 / 들어오다

⑨ 你弟弟比你高。

· A比B+형용사 A가 B보다 ~하다
· A比B+형용사+수량 A가 B보다 (수량)만큼 ~ 하다
· 我没有他高。 나는 그보다 크지 않다.
· 没错儿 맞다

⑩ 你明天能不能来我家?

· 能 ~할 수 있다 / 不能 ~할 수 없다
· 从A 到B A에서 B까지
· 为什么? 왜?
· 可是 그러나, 그렇지만

⑪ 你有空儿的时候干什么?

· 有的时候~, 有的时候~ 어떤 때는~, 어떤 때는~
· 为了 ~를 위하여
· 只有~, 才~ ~해야만 비로소 ~이다
· 让 ~에게 ~을 시키다, ~하도록 하다

⑫ 我看了很多动物。

· 给 ~에게
· 看看 한번 ~보다
· 了(완료)의 부정 동사 앞에 没(有)를 붙이고, 이때 了는 뺀다.
· 동사+了+(목적어)+没有? 했니?

你想给她什么礼物?

阿龙　明天是珉珠的生日，你知道吗?
Míngtiān shì Mínzhū de shēngrì,　nǐ zhīdào ma?

美娜　我知道。你想给她什么礼物?
Wǒ zhīdào.　Nǐ xiǎnggěi tā shénme lǐwù?

阿龙　我还没想好呢。
Wǒ hái méi xiǎnghǎo ne.

美娜　那么我们一起去买礼物怎么样?
Nàme wǒmen yìqǐ qù mǎi lǐwù zěnmeyàng?

阿龙　好主意！六点在学校门口见吧！
Hǎo zhǔyi!　Liù diǎn zài xuéxiào ménkǒu jiàn ba!

美娜　一会儿见！
Yíhuìr jiàn!

生词

给 gěi 주다

礼物 lǐwù 선물

主意 zhǔyi 의견, 방법, 생각

门口 ménkǒu 입구, 현관

一会儿 yíhuìr 곧, 짧은 시간내에

1 你想给她什么礼物？ Nǐ xiǎng gěi tā shénme lǐwù?

「给」는 '~에게 ~을 주다'라는 뜻으로 「给+사람+사물」의 형태로 쓰입니다. 이런 동사로는 「送(sòng), 教(jiāo), 问(wèn)」 등이 있습니다.

我送妈妈玫瑰。
Wǒ sòng māma méigui.

나는 어머니께 장미꽃을 드린다.

金老师教我们汉语。
Jīn lǎoshī jiāo wǒmen Hànyǔ.

김 선생님은 우리에게 중국어를 가르치신다.

我问老师一个问题。
Wǒ wèn lǎoshī yí ge wèntí.

나는 선생님께 문제를 여쭤 본다.

2 我们一起去买礼物怎么样？ Wǒmen yìqǐ qù mǎi lǐwù zěnmeyàng?

「去+동사」는 '~하러 가다'라는 뜻으로, 어떤 동작의 목적을 나타냅니다.

	가다	선물을 사러	
我们一起	去	买礼物	吧。
Wǒmen yìqǐ	qù	mǎi lǐwù	ba.

우리 같이 선물 사러 가자.

	가다	영화를 보러	
咱们一起	去	看电影	吧。
Zánmen yìqǐ	qù	kàn diànyǐng	ba.

우리 같이 영화 보러 가자.

	상하이에 가다	여행을 하러
明天他要	去上海	旅游。
Míngtiān tā yào	qù Shànghǎi	lǚyóu.

그는 내일 여행을 하러 상하이에 간다.

	병원에 가다	진찰 받으러
星期一我	去医院	看病。
Xīngqīyī wǒ	qù yīyuàn	kànbìng.

월요일에 나는 병원에 진찰 받으러 간다.

3 好主意！ Hǎo zhǔyi!

「主意」는 '의견, 생각, 방법'이란 뜻입니다.

好主意！就这么决定吧。
Hǎo zhǔyi! Jiù zhème juédìng ba.

좋은 생각이야! 이렇게 결정하도록 하자.

我觉得两个都好，拿不定主意。
Wǒ juéde liǎng ge dōu hǎo, ná bu dìng zhǔyi.

둘 다 좋아서, 마음을 정하지 못하겠어.

1 送给 sònggěi

「给」는 동사 뒤에서 보어로 쓰여 '주다'라는 뜻을 가집니다.

送 주다, 선사하다
sòng

借 빌리다
jiè

寄 부치다, 보내다
jì

+ 给 gěi 주다

送给 주다
sònggěi

借给 빌려 주다
jiègěi

寄给 보내 주다
jìgěi

我们送给老师一件毛衣，怎么样？
Wǒmen sònggěi lǎoshī yí jiàn máoyī, zěnmeyàng?

우리 선생님께 스웨터를 드리는 게 어때?

我借给他自行车。
Wǒ jiègěi tā zìxíngchē.

나는 그에게 자전거를 빌려 주었다.

美娜寄给我一封信。
Měinà jìgěi wǒ yì fēng xìn.

미나는 나에게 편지를 보내 주었다.

2 헤어질 때 인사말

보통은 「再见」을 많이 쓰지만, 다음과 같이 다양한 인사말을 쓸 수 있습니다.

明天见！ 내일 봐!
Míngtiānjiàn!

下午见！ 오후에 보자!
Xiàwǔ jiàn!

星期天见！ 일요일에 보자!
Xīngqītiān jiàn!

一会儿见！ 이따가 봐!
Yíhuìr jiàn!

下次见！ 다음에 봐!
Xiàcì jiàn!

改天见！ 언젠가 봐!
Gǎitiān jiàn!

生词

看病 kànbìng 진찰 받다
拿不定 ná bu dìng 정하지 못하다

寄 jì 부치다, 보내다
封 fēng 통(편지를 세는 양사)

下次 xiàcì 다음번
改天 gǎitiān 다른 날, 후일에

你想给她什么礼物? 13

1 잘 듣고 빈칸에 알맞은 말을 넣어 문장을 완성하세요.

❶

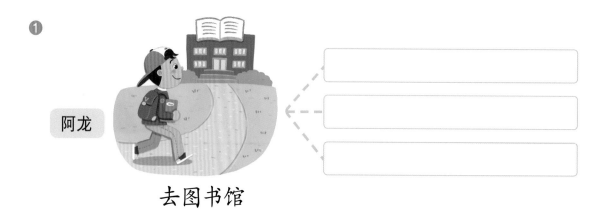

阿龙

去图书馆

❷

英喜

回家

2 잘 듣고 이어질 말로 적당한 것을 고르세요.

ⓐ 星期一见吧！　　ⓑ 一会儿见吧！

ⓒ 改天见吧！　　ⓓ 下午见吧！

说话 말하기

1 다음 그림을 보고 빈칸에 알맞은 말을 넣어 말해 보세요.

❶

两张电影票

美娜 ☐ 阿龙 ☐ 。

❷

一件礼物

美娜 ☐ 妈妈 ☐ 。

❸

一本书

阿龙 ☐ 美娜 ☐ 。

❹

一件毛衣

阿龙 ☐ 妹妹 ☐ 。

❺

一封信

英喜 ☐ 美娜 ☐ 。

送给
借给
寄给

你想给妈妈什么礼物?

你想给妈妈什么礼物?
Nǐ xiǎnggěi māma shénme lǐwù?

我想送妈妈一束玫瑰。
Wǒ xiǎng sòng māma yí shù méigui.

你想给爸爸什么礼物?
Nǐ xiǎnggěi bàba shénme lǐwù?

我想送爸爸一本小说。
Wǒ xiǎng sòng bàba yì běn xiǎoshuō.

你想给阿龙什么礼物?
Nǐ xiǎnggěi Ālóng shénme lǐwù?

我想送阿龙一个足球。
Wǒ xiǎng sòng Ālóng yí ge zúqiú.

너 엄마한테 무슨 선물을 하고 싶어?
나는 엄마한테 꽃 한 다발을 드릴래.
너는 아빠한테 무슨 선물을 하고 싶어?
나는 아빠한테 소설책 한 권을 드릴래.
너는 아롱이한테 무슨 선물을 하고 싶어?
나는 아롱이한테 축구공 한 개를 선물할래.

1

四川菜 Sìchuāncài 사천 요리

사천 요리는 한국인의 입맛에도 잘 맞아요. 사천지방은 여름에는 덥고, 겨울에는 매우 춥기 때문에 사람들의 식욕을 돋우기 위해서 마늘과 고추가 듬뿍 들어간 요리가 발달했어요. 우리에게 마파두부라고 잘 알려진 마포떠우푸(**麻婆豆腐** mápó dòufu 매콤한 두부요리), 꽁바오지딩(**宮保鸡丁** gōngbǎo jīdīng 땅콩 닭고기볶음) 등이 대표적인 요리예요.

北京菜 Běijīngcài 북경 요리

북경은 오랫동안 중국의 수도였던 만큼 북경 요리는 그 전통을 자랑해요. 북경 요리는 볶음 요리와 샤브샤브, 구이 요리가 대부분인데, 북경의 대표적인 요리인 베이징카오야(**北京烤鸭** Běijīng kǎoyā 북경오리구이)는 통째로 구운 오리를 얇은 밀전병에 파, 오이 그리고 까만 장을 곁들여서 싸먹는 요리예요.

上海菜 Shànghǎicài 상해 요리

남쪽의 음식들은 대체적으로 단맛이 강한데, 상해 요리도 간장이나 설탕이 많이 들어가서 달콤하고 맛이 진해요. 또 싱싱한 해산물을 손쉽게 구할 수 있어서 해산물 요리가 발달했어요. 지앙바오칭시에(**酱爆青蟹** jiàngbào qīngxiè 게볶음)와 샤오롱바오(**小笼包** xiǎolóngbāo 고기만두)의 맛은 일품이랍니다.

2

dì èr kè

我来晚了。

阿龙　对不起，我来晚了。
　　　Duìbuqǐ,　　wǒ láiwǎn le.

美娜　阿龙，我们约好六点，你怎么七点才来呢？
　　　Ā Lóng,　wǒmen yuēhǎo liù diǎn,　nǐ zěnme qī diǎn cái lái ne?

阿龙　真对不起。
　　　Zhēn duìbuqǐ.

　　　出来的时候，正巧 妈妈让我帮她的忙。
　　　Chūlái de shíhou,　zhèngqiǎo māma ràng wǒ bāng tā de máng.

美娜　好了。我们赶快去百货商场吧。
　　　Hǎo le.　Wǒmen gǎnkuài qù bǎihuò shāngchǎng ba.

　　　快要关门了。
　　　Kuàiyào guān mén le.

生词

来晚 láiwǎn 늦게 왔다
约好 yuēhǎo 약속했다
才 cái 비로소, 이제서야
真 zhēn 진짜, 정말
正巧 zhèngqiǎo 때마침, 공교롭게도
赶快 gǎnkuài 얼른, 빨리
百货商场 bǎihuò shāngchǎng 백화점
关门 guān mén 문을 닫다

  07

1 我来晚了。Wǒ láiwǎn le.

「我来晚了。」는 '늦게 왔다'는 뜻으로 「晚」은 동사 「来」 뒤에서 동작의 결과를 보충해 줍니다.

来 오다 lái	+	晚 늦다 wǎn	⟶	来晚 늦게 왔다 láiwǎn
约 약속하다 yuē	+	好 정하다 hǎo	⟶	约好 약속했다 yuēhǎo
买 사다 mǎi	+	到 손안에 넣다 dào	⟶	买到 샀다 mǎidào

你又来晚了。　　　　　　　　너 또 늦게 왔구나.
Nǐ yòu láiwǎn le.

我跟美娜约好三点半见面。　　나는 미나와 3시 반에 만나기로 약속했어.
Wǒ gēn Měinà yuēhǎo sān diǎn bàn jiànmiàn.

那本书，你买到了吗?　　　　그 책, 샀어?
Nà běn shū, nǐ mǎidào le ma?

2 才 cái

「才 cái」는 '이제서야, 비로소'라는 뜻으로 어떤 일이나 행동이 늦었음을 나타냅니다.

八点半上课，他九点才来。　8시 반에 수업인데, 그는 9시가 되어서야 왔다.
Bā diǎn bàn shàng kè, tā jiǔ diǎn cái lái.

大家都走了，你怎么才来?　　모두들 벌써 갔는데, 왜 지금에야 오는 거야?
Dàjiā dōu zǒu le, nǐ zěnme cái lái?

九点开始考试，你怎么十点才来呢?
Jiǔ diǎn kāishǐ kǎoshì, nǐ zěnme shí diǎn cái lái ne?

9시에 시험 시작인데, 어째서 10시가 되어서야 오니?

  08

1 好 / 到 hǎo / dào

说 말하다 shuō
做 하다 zuò
+ 好 hǎo 잘 마무리하다

说好 말해 두다 shuōhǎo
做好 마치다 zuòhǎo

不用担心，我跟李老师说好了。
Búyòng dānxīn, wǒ gēn Lǐ lǎoshī shuōhǎo le.

걱정하지 마, 내가 이 선생님께 얘기 해 뒀어.

作业都做好了。
Zuòyè dōu zuòhǎo le.

숙제 다 했다.

看 보다 kàn
听 듣다 tīng
+ 到 dào 손안에 넣다

看到 봤다 kàndào
听到 들었다 tīngdào

我在动物园看到了熊猫。
Wǒ zài dòngwùyuán kàndào le xióngmāo.

나는 동물원에서 판다를 봤다.

我听到了金老师结婚的消息。
Wǒ tīngdào le Jīn lǎoshī jiéhūn de xiāoxi.

김 선생님이 결혼한다는 소식을 들었다.

2 快要 ~了 kuài yào ~ le

「快要~了」는 '곧 ~하다'라는 뜻으로 「快」나 「要」를 생략할 수 있습니다.

快要下雨了。
Kuài yào xià yǔ le.
곧 비가 오려고 한다.

快上课了。
Kuài shàng kè le.
수업을 하려고 한다.

生词
结婚 jiéhūn 결혼하다
消息 xiāoxi 소식

1 대화를 잘 듣고 질문에 알맞은 그림을 고르세요.

❶ 他们约好几点见面? ☐

ⓐ 　　　　ⓑ

❷ 阿龙做好作业了吗? ☐

ⓐ 　　　　ⓑ

❸ 阿龙吃好方便面了吗? ☐

ⓐ 　　　　ⓑ

说话 말하기

1 그림을 보고 예 처럼 말해 보세요.

예 你跟老师说好了吗?

说好了。

没说好。

❶ 蛋糕做好了没有?

❷ 自行车看到没看到?

2 보기 에서 알맞은 말을 골라 빈칸을 채우세요.

보기 做好   吃好   买到   看到

❶ 晚饭我已经 ☐ 了。

❷ 我还没 ☐ 今天的报纸。

❸ 作业都 ☐ 了。

生词

报纸 bàozhǐ 신문

你怎么才来呢?

  10

我们约好八(九/ 十)点,你怎么才来呢?
Wǒmen yuēhǎo bā (jiǔ / shí) diǎn, nǐ zěnme cái lái ne?

对不起。 出来的时候,
Duìbuqǐ.　　Chūlái de shíhou,

妈妈让我打扫房间。
māma ràng wǒ dǎsǎo fángjiān.

(爷爷让我找找眼镜。)
yéye ràng wǒ zhǎozhǎo yǎnjìng.

(奶奶让我帮她的忙。)
nǎinǎi ràng wǒ bāng tā de máng.

우리 8시에 약속했는데, 왜 이제야 온 거야?
미안, 나오는데 엄마가 청소를 시키셔서.

우리 9시에 약속했는데, 이제야 온 거야?
미안, 나오는데 할아버지가 안경을 찾아달라고 하셔서.

우리 10시에 약속했는데, 왜 이제야 온 거야?
미안, 나오는데 할머니가 좀 도와달라고 하셔서.

중국의 교육 제도

중국도 우리나라와 마찬가지로 초등학교 6년, 중학교 3년, 고등학교 3년, 대학교 4년의 교육과정으로 되어 있어요. 우리나라는 3월에 1학기가 시작되지만, 중국에서는 9월에 1학기가 시작돼요. 유치원부터 대학원까지 각각의 명칭은 다음과 같이 말해요.

유치원 幼儿园 yòu'éryuán

↓

초등학교 小学 xiǎoxué

↓

중학교 初中 chūzhōng

↓

고등학교 高中 gāozhōng

↓

대학교 大学 dàxué

↓

대학원 研究生院 yánjiūshēngyuàn

祝你生日快乐！

美娜　祝你生日快乐！这是我们送给你的礼物。
Zhù nǐ shēngrì kuàilè!　Zhè shì wǒmen sònggěi nǐ de lǐwù.

阿龙　打开看一下吧！
Dǎkāi kàn yíxià ba!

珉珠　哇！毛衣！我爱穿毛衣。
Wā!　Máoyī!　Wǒ ài chuān máoyī.

美娜　你试试吧。
Nǐ shìshi ba.

阿龙　看起来有点儿大。
Kàn qǐlái yǒudiǎnr dà.

珉珠　不大不小，正合身。谢谢你们！
Bú dà bù xiǎo, zhèng héshēn.　Xièxie nǐmen!

11

生词

祝 zhù	축원하다, 기원하다
快乐 kuàilè	즐겁다, 유쾌하다
打开 dǎkāi	열다, 풀다
爱 ài	~하기를 좋아하다
穿 chuān	입다
试试 shìshi	시험삼아 ~해 보다
看起来 kàn qǐlái	보아하니, 보기에
有点儿 yǒudiǎnr	조금, 약간
正 zhèng	마침, 꼭
合身 héshēn	(옷이)몸에 맞다

祝你生日快乐! 27

1 不A不B bù A bù B

「不A不B」는 'A하지도 않고 B하지도 않다'라는 뜻입니다.

不胖不瘦 bú pàng bú shòu
뚱뚱하지도 마르지도 않다.

不远不近 bù yuǎn bú jìn
멀지도 가깝지도 않다.

不多不少 bù duō bù shǎo
많지도 적지도 않다.

不冷不热 bù lěng bú rè
춥지도 덥지도 않다.

2 有点儿 yǒudiǎnr

「有点儿」은 '조금, 약간'이라는 뜻입니다.

我有点儿累。
Wǒ yǒudiǎnr lèi.

나는 조금 피곤하다.

今天他有点儿不高兴。
Jīntiān tā yǒudiǎnr bù gāoxìng.

오늘 그는 기분이 별로 안 좋다.

今天有点儿冷。
Jīntiān yǒudiǎnr lěng.

오늘 조금 춥다.

  13

1 반대되는 말

크다	大 dà	↔	小 xiǎo	작다	많다	多 duō	↔	少 shǎo	적다
높다	高 gāo	↔	低 dī	낮다	길다	长 cháng	↔	短 duǎn	짧다
깊다	深 shēn	↔	浅 qiǎn	얕다	무겁다	重 zhòng	↔	轻 qīng	가볍다
비싸다	贵 guì	↔	便宜 piányi	싸다	어렵다	难 nán	↔	容易 róngyì	쉽다
새롭다	新 xīn	↔	旧 jiù	낡다	빠르다	快 kuài	↔	慢 màn	느리다

2 축복하는 말

一路平安！　　늘 평안하세요!
Yílù píng'ān!

生活愉快！　　즐거운 하루 되세요!
Shēnghuó yúkuài!

恭喜发财！　　부자 되세요!
Gōngxǐ fācái

祝你身体健康！　건강하세요!
Zhù nǐ shēntǐ jiànkāng!

祝你新年快乐！　새해 복 많이 받으세요!
Zhù nǐ xīnnián kuàilè!

祝你学习进步！　공부에 진전이 있기를!
Zhù nǐ xuéxí jìnbù!

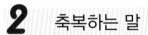

胖 pàng 뚱뚱하다　　　　身体 shēntǐ 몸　　　　　　进步 jìnbù 진보하다
瘦 shòu 마르다　　　　　新年 xīnnián 새해

  🎧 14

1 잘 듣고 빈칸에 알맞은 말을 써 넣으세요.

❶ 祝你 ＿＿＿＿＿＿＿＿。 ❷ 祝你 ＿＿＿＿＿＿＿＿＿。 ❸ 祝你 ＿＿＿＿＿＿＿＿＿。

2 잘 듣고 알맞은 그림에 선으로 이으세요.

❶ 　　　　❷ 　　　　❸

生词

可可 kěkě 코코아

说话 말하기

🍀 「爱」를 사용하여 어떤 취미를 가지고 있는지 묻고 답해 보세요. 부록의 만들기를 활용하여 빙고게임을 해 보세요. **부록** ✂

1 다음 그림을 보고 예 처럼 대화해 보세요.

예

Ⓐ 听说，你爱爬山，对不对？
Tīngshuō, nǐ ài páshān, duì bu duì?

Ⓑ 对，爬山是我的爱好。
Duì, páshān shì wǒ de àihào.

✲ 爱好(àihào)는 취미라는
뜻이에요!

2 다음과 같은 상황에서 뭐라고 말하면 좋은지 이야기해 보세요.

① 공부하는 학생에게 ·····

② 생일을 맞은 친구에게 ·····

③ 할머니, 할아버지께 ·····

④ 새해에 부모님께 ·····

 15

生日快乐

祝你生日快乐。
Zhù nǐ shēngrì kuàilè.

祝你生日快乐。
Zhù nǐ shēngrì kuàilè.

祝你身体健康。
Zhù nǐ shēntǐ jiànkāng.

祝你永远快乐。
Zhù nǐ yǒngyuǎn kuàilè.

생일 축하합니다.
생일 축하합니다.
건강하기를 바랍니다.
늘 행복하기를 바랍니다.

중국의 선물 문화

중국에는 선물해서는 안 되는 물건이 있어요. 괘종시계처럼 큰 시계를 중국어로 '钟(zhōng)'이라고 하는데, 이 발음은 '죽다, 마치다'의 뜻인 '终(zhōng)'과 같아서 선물하기를 꺼려하는 물건 중하나예요. 또 우산은 중국어로 '伞(sǎn)'이라고 하는데 이 발음은 '흩어지다, 헤어지다'라는 뜻의 '散(sǎn)'과 같아서 우산을 선물하는 것은 '우리 헤어져.'라는 의미가 되어 선물해서는 안 돼요. 중국 사람들은 빨강색을 좋아해서 선물 포장은 빨강으로 많이 해요. 또 짝수는 길하고 홀수는 흉하다고 생각하기 때문에 축의금은 짝수로 부의금은 홀수 금액으로 한다고 해요. 중국 사람들은 선물을 선뜻 받지 않고 사양하는 습관이 있으므로 거절하더라도 계속 권하는 것이 예의라고 해요.

4 你吃过中国饺子吗?

dì sì kè

阿龙 美娜，你吃过中国饺子吗?
Měinà, nǐ chīguo Zhōngguó jiǎozi ma?

美娜 还没吃过。
Hái méi chīguo.

阿龙 如果星期六你有空儿，就来我家玩儿吧。
Rúguǒ xīngqīliù nǐ yǒu kòngr, jiù lái wǒ jiā wánr ba.

星期六我妈包饺子。
Xīngqīliù wǒ mā bāo jiǎozi.

美娜 中国饺子跟韩国饺子味道不一样吗?
Zhōngguó jiǎozi gēn Hánguó jiǎozi wèidao bù yíyàng ma?

阿龙 味道差不多。
Wèidao chà bu duō.

美娜 好哇，我一定去!
Hǎo wa, wǒ yídìng qù!

生词

동사+过 guo ~한 적이 있다
包饺子 bāo jiǎozi 만두를 빚다
如果 rúguǒ 만약
有空儿 yǒu kòngr 시간(틈)이 있다
跟 gēn ~와
味道 wèidao 맛
一样 yíyàng 같다, 동일하다
差不多 chà bu duō 비슷하다, 별 차이 없다
一定 yídìng 반드시

1 동사 + 过

「동사+过」는 '~한 적이 있다'는 뜻으로 과거의 경험을 나타냅니다. '~한 적이 없다'고 할 때는 「没+동사+过」의 형태로 씁니다.

我看过这本小说。
Wǒ kànguo zhè běn xiǎoshuō.

나는 이 소설을 읽어 본 적이 있어.

我去过长城。
Wǒ qùguo Chángchéng.

나는 만리장성에 가 봤어.

我没看过这本小说。
Wǒ méi kànguo zhè běn xiǎoshuō.

나는 이 소설을 본 적이 없어.

我还没去过长城。
Wǒ hái méi qùguo Chángchéng.

나는 아직 만리장성에 못 가 봤어.

2 如果~, 就~ rúguǒ~, jiù~

「如果~, 就~」는 '만약 ~라면, ~이다'라는 뜻으로 가정을 나타냅니다. 「就」는 생략할 수 있습니다.

如果你有空儿，就来我家玩儿吧。 시간 있으면, 우리 집에 놀러 와.
Rúguǒ nǐ yǒu kòngr, jiù lái wǒ jiā wánr ba.

如果你不去，我也不去。 네가 안 가면, 나도 안 가.
Rúguǒ nǐ bú qù, wǒ yě bú qù.

如果你有什么问题，就问问老师。 질문이 있으면, 선생님께 여쭤 보렴.
Rúguǒ nǐ yǒu shénme wèntí, jiù wènwen lǎoshī.

如果有机会，我一定去中国学习。 기회가 있다면, 나는 반드시 중국에 가서 공부할 거야.
Rúguǒ yǒu jīhuì, wǒ yídìng qù Zhōngguó xuéxí.

生词

小说 xiǎoshuō 소설
长城 Chángchéng 만리장성

问题 wèntí 문제, 질문
机会 jīhuì 기회

1 差不多 chà bu duō

「差不多」는 '비슷하다, 별 차이 없다, 대체로'라는 뜻을 가지고 있습니다.

这两种手机质量差不多，你自己选吧。
Zhè liǎng zhǒng shǒujī zhìliàng chà bu duō, nǐ zìjǐ xuǎn ba.

이 두 개의 휴대폰은 품질이 비슷하니, 네가 골라라.

我跟你个子差不多。
Wǒ gēn nǐ gèzi chà bu duō.

나랑 너의 키는 비슷하다.

报告差不多写完了。
Bàogào chà bu duō xiěwán le.

보고서 거의 다 썼다.

2 A跟B一样 A gēn B yíyàng

비교 결과 같거나 비슷한 것을 나타낼 때 씁니다. 부정은 「A跟B不一样」으로 나타냅니다. 비교 내용을 구체적으로 나타내고자 할 때는 뒤에 그 내용을 씁니다.

今天的天气跟昨天的天气一样。
Jīntiān de tiānqì gēn zuótiān de tiānqì yíyàng.

오늘 날씨와 어제 날씨가 같다.

你的鞋跟我的鞋不一样。
Nǐ de xié gēn wǒ de xié bù yíyàng.

네 신발하고 내 신발은 다르다.

你的鞋跟我的鞋一样大。
Nǐ de xié gēn wǒ de xié yíyàng dà.

네 신발하고 내 신발은 크기가 같다.

我跟爸爸一样高。
Wǒ gēn bàba yíyàng gāo.

나하고 아빠는 키가 같다.

生词

手机 shǒujī 휴대폰	选 xuǎn 고르다	报告 bàogào 보고서
质量 zhìliàng 품질, 질	个子 gèzi 키	

1 잘 듣고 알맞은 그림에 ○표 하세요.

❶ 她没去过哪个国家？

ⓐ 　　ⓑ 　　ⓒ

❷ 阿龙没学过什么运动？

ⓐ 　　ⓑ 　　ⓒ

❸ 美娜看过什么电影？

ⓐ 　　ⓑ 　　ⓒ

哈利波特　　　　　　　甜蜜蜜　　　　　　　黄飞鸿

❹ 他们今天为什么个子差不多？

ⓐ 　　ⓑ 　　ⓒ

生词

感人 gǎnrén 감동적이다　　　　秘密 mìmì 비밀　　　　高跟鞋 gāogēnxié 하이힐

说话 말하기

🍀「如果~, 就~」를 사용하여 문장 만드는 것을 익히고, 중국 음식을 보면서 '~해 본 적이 있는지'「过」를 사용해서 묻고 답하는 연습을 합니다.

1 그림을 보고 如果~, 就~를 사용해서 문장을 만들어 보세요.

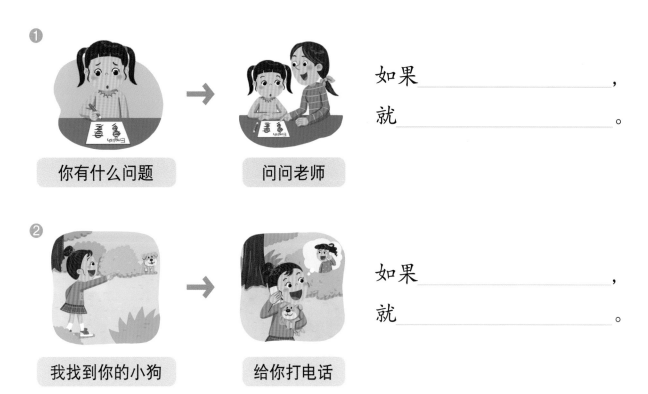

❶ 你有什么问题 → 问问老师

如果＿＿＿＿＿＿＿＿＿＿＿,

就＿＿＿＿＿＿＿＿＿＿＿。

❷ 我找到你的小狗 → 给你打电话

如果＿＿＿＿＿＿＿＿＿＿＿,

就＿＿＿＿＿＿＿＿＿＿＿。

2 그림을 보고 예 처럼 짝과 대화해 보세요.

月饼 yuèbǐng　　小笼包 xiǎolóngbāo　　北京烤鸭 Běijīng kǎoyā　　油条 yóutiáo

예

Ⓐ 你吃过月饼吗?
Ⓑ 我吃过月饼。
Ⓐ 你吃过北京烤鸭吗?
Ⓑ 我没吃过北京烤鸭。

4

甜蜜蜜

甜蜜蜜，你笑得甜蜜蜜，
Tiánmìmì, nǐ xiào de tiánmìmì,

好像花儿开在春风里， 开在春风里。
hǎoxiàng huār kāi zài chūnfēngli, kāi zài chūnfēngli.

在哪里，在哪里见过你?
Zài nǎli, zài nǎli jiànguo nǐ?

你的笑容这样*熟悉， 我一时想不起。
Nǐ de xiàoróng zhèyàng shúxī, wǒ yìshí xiǎng bu qǐ.

啊! 在梦里。
Ā! Zài mèngli.

梦里梦里梦里见过你，甜蜜笑得多甜蜜，
Mèngli mèngli mèngli jiànguo nǐ, tiánmì xiàode duō tiánmì.

是你，是你，梦见的就是你。
Shì nǐ, shì nǐ, mèngjiàn de jiùshì nǐ.

※ shóu로 읽기도 합니다.

첨밀밀, 당신의 웃음이 얼마나 달콤한지,
봄바람에 피어난 꽃과 같아요, 봄바람 속에 피어난.
어디에서 어디에서 당신을 보았죠?
당신의 웃는 얼굴 이렇게 낯익은데 갑자기 생각이 나지 않네요.
아! 꿈에서였어요.
꿈에서 꿈에서 당신을 보았어요, 달콤한 너무도 달콤한 그 미소.
당신이었군요, 당신이었어요, 꿈에서 본 것은 바로 당신이었어요.

중국 영화 〈첨밀밀〉의 주제가예요. 오래된 영화이지만 정말 오래도록 사랑받는 영화이기도 해요. 영화의 주제가가 한 몫을 하고 있어요. 어수선했던 중국의 시대 배경 속에 젊은 남녀가 서로를 의지하며 사랑에 빠지는 이야기가 대만 최고의 가수 등려군의 노래와 잘 어우러진답니다. 홍콩 최고의 배우라고 할 수 있는 장만옥과 여명의 연기는 말할 필요도 없고 등려군의 노래 또한 여전히 큰 사랑을 받고 있어요.

谁跑得快?

美娜 我问你一个问题,你回答一下儿。
Wǒ wèn nǐ yí ge wèntí, nǐ huídá yíxiàr.

你觉得乌龟和兔子中谁跑得快?
Nǐ juéde wūguī hé tùzi zhōng shéi pǎo de kuài?

阿龙 当然兔子跑得快。
Dāngrán tùzi pǎo de kuài.

美娜 不一定。有的时候乌龟跑得更快。
Bù yídìng. Yǒu de shíhou wūguī pǎo de gèng kuài.

阿龙 哪儿有这种道理呀?
Nǎr yǒu zhè zhǒng dàolǐ ya?

美娜 你还没看过《伊索寓言》吗?
Nǐ hái méi kànguo 〈Yīsuǒ Yùyán〉 ma?

看看那里的《乌龟与兔子》的故事吧。
Kànkan nà li de 〈Wūguī yǔ tùzi〉 de gùshi ba.

5

生词

回答 huídá 대답하다
觉得 juéde ~라고 느끼다, 여기다
乌龟 wūguī 거북이
兔子 tùzi 토끼
当然 dāngrán 당연히, 물론
更 gèng 더욱
这种 zhè zhǒng 이런, 이와 같은
道理 dàolǐ 이치, 경우, 근거
伊索寓言 Yīsuǒ yùyán 이솝이야기
与 yǔ ~와
故事 gùshi 이야기

1 觉得 juéde

「觉得」는 '~라고 여기다, 느끼다'라는 뜻입니다.

我觉得汉语不太难。
Wǒ juéde Hànyǔ bú tài nán.

나는 중국어가 별로 어렵지 않다고 생각한다.

老师很漂亮
lǎoshī hěn piàoliang

今天太热
jīntiān tài rè

历史课很难
lìshǐkè hěn nán

2 跑得快 pǎo de kuài

「兔子跑得快。」는 '토끼는 빨리 뛴다'라는 뜻으로 「得」 뒤의 「快」는 동사 「跑」의 정도를 나타냅니다.

来得早 lái de zǎo	온 정도가 이르다	→	일찍 왔다
走得快 zǒu de kuài	걷는 정도가 빠르다	→	빨리 걷는다
唱得很好 chàng de hěn hǎo	노래하는 정도가 잘한다	→	노래를 잘한다
来得晚 lái de wǎn	정도가 늦다	→	늦게 왔다
走得慢 zǒu de màn	걷는 정도가 느리다	→	늦게 걷는다
唱得不好 chàng de bù hǎo	노래하는 정도가 못한다	→	노래를 못한다

1 他回答得对不对？ Tā huídá de duì bu duì?

「得」 뒤에 긍정과 부정을 넣어 의문문을 만들거나 「不」를 넣어 부정문을 만듭니다.

他回答得对不对？
Tā huídá de duì bu duì?

그가 맞게 대답했니?

他写得清楚不清楚？
Tā xiě de qīngchu bu qīngchu?

그가 분명하게 썼니?

今天我们玩儿得不愉快。
Jīntiān wǒmen wánr de bù yúkuài.

오늘 우리는 별로 신나게 놀지 못했다.

他睡得不太晚。
Tā shuì de bú tài wǎn.

그는 별로 늦지 않게 잤다.

2 这几天我忙得很。Zhè jǐ tiān wǒ máng de hěn.

「得」 뒤에 「很」을 붙여서 정도가 어떠한지를 나타낼 수 있습니다.

忙得很　매우 바쁘다　→　

这几天我忙得很。
Zhè jǐ tiān wǒ máng de hěn.

요 며칠 매우 바빴다.

多得很　매우 많다　→　

冰箱里苹果多得很。
Bīngxiāngli píngguǒ duō de hěn.

냉장고 안에 사과가 매우 많다.

生词

历史 lìshǐ 역사
清楚 qīngchu 분명하다

愉快 yúkuài 기분이 좋다
冰箱 bīngxiāng 냉장고

※ 잘 듣고 내용과 일치하는 것을 고르세요.

1

❶ 今天她为什么迟到了？

ⓐ 她起得晚。　　　　　　　　ⓑ 昨天睡得晚。

ⓒ 公共汽车来得晚。　　　　　ⓓ 早饭吃得晚。

2

❶ 他的特点是什么？

ⓐ 说得慢。　　　ⓑ 走得慢。　　　ⓒ 跑得慢。

❷ 她为什么说自己是真正的韩国人？

ⓐ 她要走快点儿。　　　　　ⓑ 她没听说过"漫漫地"。

ⓒ 她不喜欢哲秀。　　　　　ⓓ 她不是韩国人。

3

❶ 他觉得什么课最难？

ⓐ 日语课　　　ⓑ 英语课　　　ⓒ 汉语课　　　ⓓ 德语课

❷ 她觉得谁最帅？

ⓐ 日语老师　　　　　　　ⓑ 英语老师

ⓒ 汉语老师　　　　　　　ⓓ 阿龙

生词

因为~所以~ yīnwèi~ suǒyǐ 왜냐하면~ 그래서~　　　最 zuì 가장, 제일

真正 zhēnzhèng 진정한　　　帅 shuài 잘생기다

说话 말하기

🌸 「得」를 사용하여 정도를 표현하는 법을 익히고, 다른 표현들도 만들어 보도록 합니다.

1 다음 그림을 보고 주어진 단어를 활용해서 빈칸에 알맞는 말을 넣으세요.

① 起

晚

早

② 洗

干净

不干净

③ 买

少

多

④ 吃

少

多

 25

谁更快？

兔子，乌龟，兔子，乌龟，谁更快？ 谁更快？
Tùzi, wūguī, tùzi, wūguī, shéi gèng kuài? Shéi gèng kuài?

乌龟不休息，兔子睡觉。兔子？乌龟？谁赢了？
Wūguī bù xiūxi, tùzi shuìjiào. Tùzi? Wūguī? Shéi yíng le?

兔子，乌龟，兔子，乌龟，谁更快？ 谁更快？
Tùzi, wūguī, tùzi, wūguī, shéi gèng kuài? Shéi gèng kuài?

乌龟跑啊，兔子打呼噜。兔子？乌龟？谁赢了？
Wūguī pǎo a, tùzi dǎ hūlū. Tùzi? Wūguī? Shéi yíng le?

토끼, 거북이, 토끼, 거북이, 누가 더 빨라? 누가 더 빨라?
거북이는 안 쉬고, 토끼는 자네. 토끼? 거북이? 누가 이겼어?

토끼, 거북이, 토끼, 거북이, 누가 더 빨라? 누가 더 빨라?
거북이는 뛰고, 토끼는 코 고네. 토끼? 거북이? 누가 이겼어?

文化 문화

재미있는 한자원리 ①

한자는 모양도 복잡하고, 글자 수도 많아서 어렵게 느껴지지만, 생김새의 유래와 그 뜻을 알고 보면, 재미있고 기억하기 쉬운 글자예요. 한자가 만들어진 원리를 잠시 살펴보면서 왜 그런지 알아볼까요?

5

상형 사물의 모양을 그대로 본따서 만들었어요.

山	水	魚	眉
산 산	물 수	물고기 어	눈썹 미

지사 추상적인 개념을 상징적인 부호로 나타냈어요.

上	下	本	刃
위 상	아래 하	뿌리, 근본 본	칼날 도

회의 뜻이 합쳐져 새로운 뜻을 만들었어요.

林	休	炎
나무가 모여서	나무 옆에서 사람이	불+불
↓	↓	↓
수풀 림	쉴 휴	더울 염

6 好是好，可是太贵了。

dì liù kè

小姐   欢迎光临。
Huānyíng guānglín.

美娜   小姐，这手套儿怎么卖？
Xiǎojiě, zhè shǒutàor zěnme mài?

小姐   你说红色的还是蓝色的？
Nǐ shuō hóngsè de háishi lánsè de?

美娜   红色的连指手套儿。
Hóngsè de liánzhǐ shǒutàor.

小姐   15000韩元。这手套儿又好看又暖和。
Yíwàn wǔqiān Hányuán. Zhè shǒutàor yòu hǎokàn yòu nuǎnhuo.

美娜   好是好，可是太贵了。
Hǎo shì hǎo, kěshì tài guì le.

便宜点儿，行吗？
Piányi diǎnr, xíng ma?

小姐   行，给您打九折。
Xíng, gěi nín dǎ jiǔ zhé.

生词

欢迎 huānyíng 환영하다
光临 guānglín 왕림하다
小姐 xiǎojiě 아가씨
连指手套儿 liánzhǐ shǒutàor 벙어리 장갑
韩元 Hányuán 원(한국돈)
行 xíng 좋다, 괜찮다
打折 dǎzhé 할인하다

1 A是A, 可是~ A shì A, kěshì~

「A是A, 可是~」는 'A하긴 한데, ~하다'라는 뜻입니다.

这条裤子好是好，可是太长。
Zhè tiáo kùzi hǎo shì hǎo, kěshì tài cháng.

이 바지 좋긴 한데 너무 길다.

你有钱吗？ -有是有，可是不多。
Nǐ yǒu qián ma? -Yǒu shì yǒu, kěshì bù duō.

너 돈 있니? 있긴 한데 많지는 않아.

蛋糕好吃是好吃，可是太甜。
Dàngāo hǎochī shì hǎochī, kěshì tài tián.

케이크는 맛있긴 한데 너무 달아.

2 又A又B yòu A yòu B

「又A又B」는 'A하기도 하고 B하기도 하다'라는 뜻입니다.

橘子又酸又甜。
Júzi yòu suān yòu tián.

굴은 시고 달다.

我的房间又干净又漂亮。
Wǒ de fángjiān yòu gānjìng yòu piàoliang.

내 방은 깨끗하고 예쁘다.

这儿的东西又好又便宜。
Zhèr de dōngxi yòu hǎo yòu piányi.

이곳의 물건은 좋고 싸다.

我的书包又重又大。
Wǒ de shūbāo yòu zhòng yòu dà.

내 책가방은 무겁고 크다.

1 怎么卖? Zěnme mài?

중국에서는 과일 같은 것도 모두 저울에 달아서 근으로 계산합니다. (一斤=500g / 一公斤=1kg)

ⓐ 这香蕉怎么卖?
Zhè xiāngjiāo zěnme mài?

이 바나나 어떻게 팔아요?

ⓑ 三块五一斤。
Sān kuài wǔ yì jīn.

한 근에 3.5위안입니다.

ⓐ 猪肉怎么卖?
Zhūròu zěnme mài?

돼지고기는 어떻게 팔아요?

ⓑ 十五块一斤。
Shíwǔ kuài yì jīn.

한 근에 15위안입니다.

> 부록 ✂
>
> 부록의 만들기를 활용하여 과일을 사고 파는 연습을 해 보세요.

6

2 打九折 dǎ jiǔ zhé

「打折」는 '할인하다'는 뜻으로 「打九折」는 10%할인이라는 뜻입니다.

打五折。 50%할인.
Dǎ wǔ zhé.

打八五折。 15%할인.
Dǎ bā wǔ zhé.

물건 살 때 자주 쓰는 표현

太贵了, 便宜点儿吧。
Tài guì le, piányi diǎnr ba.

너무 비싸요, 조금 싸게 해 주세요.

可以打折吗?
Kěyǐ dǎzhé ma?

할인 되나요?

还要别的吗?
Hái yào bié de ma?

또 다른 것 필요하세요?

找您十块钱。
Zhǎo nín shí kuàiqián.

10위안 거슬러 드릴게요.

> '点儿'은 동사나 형용사 뒤에 쓰여 '조금'이라는 뜻을 나타냅니다.

生词

条 tiáo 긴 것을 셀 때 쓰는 양사
裤子 kùzi 바지
蛋糕 dàngāo 케이크

干净 gānjìng 깨끗하다
斤 jīn 근(약500g)
猪肉 zhūròu 돼지고기

别的 bié de 다른 것
找 zhǎo 거슬러 주다

1 잘 듣고 又~又~ 문장의 중요 단어를 빈칸에 쓰세요.

| 보기 | 酸　大　便宜　贵　苦　暖和　重　甜 |

❶

这个书包又 ☐ 又 ☐ 。

❷

这个橘子又 ☐ 又 ☐ 。

❸

这双袜子又 ☐☐ 又 ☐☐ 。

❹

这杯咖啡又 ☐ 又 ☐ 。

2 대화를 잘 듣고 질문에 알맞은 답을 고르세요.

❶ 这苹果怎么卖?

　　ⓐ 十五块一斤　　ⓑ 十块一斤　　ⓒ 五块一斤　　ⓓ 十块两斤

❷ 打几折了?

　　ⓐ 打五折　　ⓑ 打七折　　ⓒ 打八折　　ⓓ 打九折

❸ 他买了几斤?

　　ⓐ 一斤　　ⓑ 两斤　　ⓒ 八斤　　ⓓ 十斤

说话 말하기

「A是A, 可是~」를 사용하여 좋은 점과 아쉬운 점을 이야기하고, 비교하는 연습을 합니다. 「~点儿」의 쓰임을 이해하도록 합니다.

1 친구 생일에 어떤 선물을 하면 좋을지 예 처럼 말해 보세요.

	좋은 점	아쉬운 점
蛋糕 dàngāo	好吃	太甜
泡菜 pàocài	好吃	太辣
手套儿 shǒutàor	好看	太贵
电影 diànyǐng	有意思	太长
中文小说 Zhōngwén xiǎoshuō	有意思	太难

예 蛋糕好吃是好吃，可是太甜。

2 그림을 보고 어떻게 이야기할지 말해 보세요.

힌트 快 小心 大声 便宜

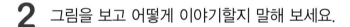

①
깎아 주세요.

②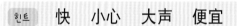
서둘러.

③
조심하거라.

④
크게 말해.

옷에 관한 말

  🎧 30

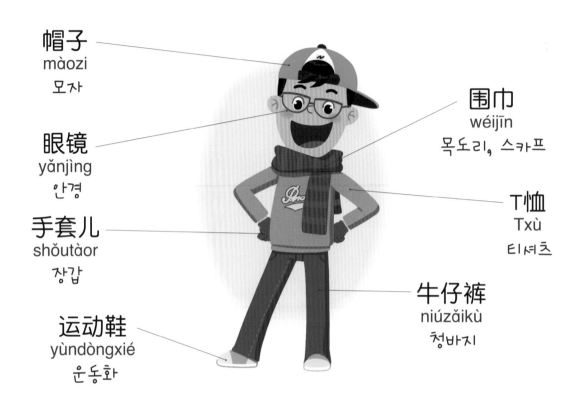

帽子
màozi
모자

眼镜
yǎnjìng
안경

手套儿
shǒutàor
장갑

运动鞋
yùndòngxié
운동화

围巾
wéijīn
목도리, 스카프

T恤
Txù
티셔츠

牛仔裤
niúzǎikù
청바지

大衣
dàyī
외투

连衣裙
liányīqún
원피스

毛衣
máoyī
스웨터

短裤
duǎnkù
반바지

袜子
wàzi
양말

皮鞋
píxié
구두

한자의 수를 줄이기 위해서는 같은 모양의 한자를 다른 뜻으로 빌려서 나타내거나 이미 있는 한자를 합쳐서 만드는 작업이 필요했어요. 또 한자는 뜻글자이기 때문에 한자의 모양을 보고 그 의미를 어느 정도 파악할 수 있는 것도 매우 중요해요.

전주 원래 뜻에서 좀더 발전시켜 만들었습니다.

立 설립   人 사람 인   사람이 서 있는 곳 → 위치

가차 발음이 같은 것이나 글자 모양을 빌려서 나타냈습니다.

Cho   co   late
巧   克   力   초콜릿
qiǎo   kè   lì

형성 뜻과 소리를 합쳐서 만들었습니다.

 보다    강

shì   보다   물   kě

소리   뜻   뜻   소리

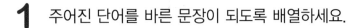

1 주어진 단어를 바른 문장이 되도록 배열하세요.

❶ 월요일에 나는 병원에 진찰 받으러 간다.　我 / 看病 / 去 / 星期一 / 医院

→ _____

❷ 우리 같이 선물 사러 가자.　一起 / 礼物 / 买 / 去 / 我们 / 吧

→ _____

❸ 김 선생님은 우리에게 중국어를 가르치신다.　教 / 汉语 / 金老师 / 我们

→ _____

❹ 미나는 나에게 편지를 보내 주었다.　寄给 / 美娜 / 我 / 一封信

→ _____

2 빈칸에 알맞은 말을 써 넣으세요.

❶

这个戒指_____是_____，

可是_____。

❷

中国菜_____是_____，

可是_____。

3 그림을 보고 빈칸에 알맞은 말을 써 넣으세요.

❶

她爱 [ ]

❷

她爱 [ ]

❸

他爱 [ ]

❹

他爱 [ ]

4 그림을 보고 물음에 답하세요.

❶ 생일 맞은 친구에게 뭐라고 축하해야 할까요?

→ _____

❷ 월요일에 다시 만날 친구에게 뭐라고 인사해야 할까요?

→ _____

❸ 공부하는 친구에게 뭐라고 격려해야 할까요?

→ _____

5 다음 질문에 답하세요.

❶ 去过乐天世界吗?

❷ 去过上海吗?

❸ 吃过北京烤鸭吗?

❹ 吃过中国饺子吗?

❺ 听过中国音乐吗?

❻ 看过中国电影吗?

	나	친구

＊乐天世界 Lètiān shìjiè 롯데월드

6 그림을 보고 빈칸에 알맞은 말을 써 넣으세요.

❶

我觉得 ⬚ 。

❷

我觉得 ⬚ 。

❸

我觉得 ⬚ 。

❹

我觉得 ⬚ 。

7 빈칸에 알맞은 말을 넣어 대화를 완성해 보세요.

싱싱과일

梨子 lízi 배

苹果 píngguǒ 사과

西瓜 xīguā 수박

橘子 júzi 귤

桃子 táozi 복숭아

柿子 shìzi 감

香瓜 xiāngguā 참외

❶

Ⓐ 这苹果 ☐ ☐ ☐ ？

Ⓑ 两块五一斤。

Ⓐ 有点儿贵。 ☐ ☐ ☐ ☐ ，
行吗？

Ⓑ ☐ ，两块一斤吧。你要几斤？

Ⓐ 我要三斤。

Ⓑ 一共 ☐ ☐ 。

❷

Ⓐ 这香瓜 ☐ ☐ ☐ ？

Ⓑ 四块一斤。

Ⓐ 太贵了，可以 ☐ ☐ 吗？

Ⓑ ☐ ☐ ，给您打八折？

Ⓐ 给我两斤。

Ⓑ 还要 ☐ ☐ 吗？

Ⓐ 没有。

风景怎么这么美!

美娜　这是什么地方？ 风景怎么这么美!
Zhè shì shénme dìfang?　Fēngjǐng zěnme zhème měi!

珉珠　是中国的苏州。
Shì Zhōngguó de Sūzhōu.

美娜　"上有天堂，下有苏杭"的苏州吗？
'Shàng yǒu tiāntáng,　xià yǒu SūHáng'　de Sūzhōu ma?

阿龙　对。我一看就知道了。
Duì.　Wǒ yí kàn jiù zhīdào le.

苏州果然是名不虚传的地方。
Sūzhōu guǒrán shì míng bù xū chuán de dìfang.

美娜　我从来没去过中国。
Wǒ cónglái méi qùguo Zhōngguó.

你除了苏州以外，还去过什么地方？
Nǐ chúle Sūzhōu yǐwài,　hái qùguo shénme dìfang?

珉珠　还去过杭州、上海。
Hái qùguo Hángzhōu、 Shànghǎi.

生词

风景 fēngjǐng 경치, 풍경
美 měi 아름답다
地方 dìfang 곳, 장소
苏州 Sūzhōu 소주(지명)
天堂 tiāntáng 천국
果然 guǒrán 과연, 생각한 대로
名不虚传 míng bù xū chuán 과연 듣던 대로이다
从来 cónglái 지금까지
杭州 Hángzhōu 항주(지명)

  32

1 除了A以外, ~ chúle A yǐwài, ~

① 除了A以外, 还/也~ 'A이외에 더 ~하다'라는 뜻입니다.

除了苏州以外, 还去过什么地方?
Chúle Sūzhōu yǐwài, hái qùguo shénme dìfang?

소주 이외에 또 어디 가 봤어?

今天除了阿龙家以外, 还去了美娜家。
Jīntiān chúle Ālóng jiā yǐwài, hái qù le Měinà jiā.

오늘 아롱이네 집 외에 미나네 집에도 갔었어.

② 除了A以外, 都/没有~ 'A이외에 모두 ~하다 / ~하지 않다'는 뜻입니다.

除了羽毛球以外, 我都不会打。
Chúle yǔmáoqiú yǐwài, wǒ dōu bú huì dǎ.

배드민턴 이외에 나는 다른 것은 아무것도 할 줄 모른다.

除了星期五以外, 没有时间。
Chúle xīngqīwǔ yǐwài, méiyǒu shíjiān.

금요일 빼고는 시간이 없다.

2 从来 cónglái

「从来」는 '지금까지, 이제까지'라는 뜻으로 뒤에는 주로 '~하지 않다'는 부정적인 내용이 옵니다.

我从来没去过中国。
Wǒ cónglái méi qùguo Zhōngguó.

나는 지금까지 중국에 가 본 적이 없다.

我从来没吃过荔枝。
Wǒ cónglái méi chīguo lìzhī.

나는 지금까지 여지를 먹어 본 적이 없다.

3 怎么这么 zěnme zhème

'어쩜 이렇게'란 뜻으로 감탄할 때 많이 쓰입니다.

你今天怎么这么漂亮。
Nǐ jīntiān zěnme zhème piàoliang!

너 오늘 어쩜 이렇게 예쁘니!

这门课怎么这么难。
Zhè mén kè zěnme zhème nán.

이 과목은 어쩜 이렇게 어렵지.

  33

1 名不虚传 míng bù xū chuán

「名不虚传」과 같이 네 글자로 이루어진 것을 성어(成语)라고 합니다.

명성	헛되지 않다 널리 알려지다	
名	不虚	传
míng	bù xū	chuán

명성이 듣던 그대로이다.

~와 같다	물고기	물을 만나다
如	鱼	得水
rú	yú	dé shuǐ

물고기가 물을 만난 것과 같다.

~에게	소	거문고를 연주하다
对	牛	弹琴
duì	niú	tánqín

소 귀에 경 읽기

~와	많은 사람	다르다
与	众	不同
yǔ	zhòng	bù tóng

남보다 뛰어나다.

7

2 一A, 就B yī A jiù B

「一A, 就B」 'A하자마자 곧 B하다'란 뜻입니다.

我一说，他就明白了。
Wǒ yì shuō, tā jiù míngbai le.

내가 말하자마자 그는 바로 알았다.

弟弟一回家就看电视。
Dìdi yì huíjiā jiù kàn diànshì.

동생은 집에 오자마자 TV를 본다.

他非常聪明，一学就会。
Tā fēicháng cōngming, yì xué jiù huì.

그는 매우 똑똑해서 배우자마자
바로 할 줄 안다.

我一看他的表情，就知道他在说谎。
Wǒ yí kàn tā de biǎoqíng, jiù zhīdào tā zài shuōhuǎng.

나는 그의 표정을 보자마자 그가 거짓말하는 것을 알았다.

生词

门 mén 과목(학문 등을 세는 양사)
荔枝 lìzhī 여지(과일명)
明白 míngbai 이해하다, 알다

非常 fēicháng 매우, 굉장히
聪明 cōngming 똑똑하다, 영리하다
表情 biǎoqíng 표정

说谎 shuōhuǎng 거짓말하다

  34

1 잘 듣고 질문에 알맞은 답을 고르세요.

❶ 她除了汉堡包以外，还吃了什么？

ⓐ 　　ⓑ 　　ⓒ 　　ⓓ 什么也没吃

❷ 他除了方便面以外，还吃了什么？

ⓐ 　　ⓑ 　　ⓒ 　　ⓓ 什么也没吃

❸ 昨天他有多少钱？

ⓐ 500韩元　　　ⓑ 700韩元　　　ⓒ 1000韩元　　　ⓓ 一点儿钱也没有

2 잘 듣고 보기에서 알맞은 한자를 골라 써 넣으세요.

보기　牛　同　鱼　弹　水　与　得　不　如　对　琴　众

❶

❷

❸

说话 말하기

「怎么这么」를 사용하여 생각이나 느낌을 표현하는 방법을 익히고, 그림을 보고 알맞은 성어를 찾아 봅니다.

1 다음 그림을 보고 怎么这么를 사용해서 문장을 만들어 보세요.

보기 难 冷 热 贵 大 好

❶

数学＿＿＿＿＿＿＿＿＿。

这个戒指＿＿＿＿＿＿＿＿＿。 ❷

❸

今天＿＿＿＿＿＿＿＿＿。

它＿＿＿＿＿＿＿＿＿。 ❹

2 다음 그림을 보고 내용을 유추해서 알맞은 성어를 골라 쓰고, 어떤 내용인지 말해 보세요.

보기 亡羊补牢
wáng yáng bǔ láo 井底之蛙
jǐng dǐ zhī wā

❶

❷

我还去过北京

35

我除了上海以外，　还去过北京。
Wǒ chúle Shànghǎi yǐwài, hái qùguo Běijīng.

我从来没去过中国。
Wǒ cónglái méi qùguo Zhōngguó.

真羡慕你呀。
Zhēn xiànmù nǐ ya.

我除了北京烤鸭以外，还吃过火锅。
Wǒ chúle Běijīngkǎoyā yǐwài, hái chīguo huǒguō.

我从来没吃过中国菜。
Wǒ cónglái méi chīguo Zhōngguócài.

真羡慕你呀。
Zhēn xiànmù nǐ ya.

나는 상해 말고 북경에도 가 봤어.
나는 중국에 못 가 봤는데, 부럽다.

나는 북경오리 말고도 훠궈도 먹어 봤어.
나는 중국 음식 못 먹어 봤는데, 부럽다.

상해는 중국 경제의 중심으로 중국의 남방을 대표하는 도시예요. 창장(长江 Cháng Jiāng) 하구에 위치하고 있는 상해는 역사적으로 우리나라와 인연이 깊어 우리나라 대한민국 임시정부가 위치해 있고 상해의 홍코우 공원은 윤봉길 의사가 도시락 폭탄을 던진 곳이기도 해요. 상해를 여행하는 사람이라면 지리적으로 가까운 곳에 위치한 풍경이 그림처럼 아름다운 항주와 소주를 함께 여행하곤 한답니다.

상해(上海)

현재 많은 외국 기업들이 진출해 있는, 국제적으로 성장하고 있는 도시로 북경과 더불어 중국에서 매우 중요한 도시예요.

소주(苏州)

도시 곳곳에 운하가 있어, 동양의 베니스로 불리는 곳으로 아름답게 가꾸어진 정원들이 볼만하답니다.

항주(杭州)

중국에서 가장 아름다운 도시 10개 중 하나로 손꼽혔으며 6평방킬로미터에 이르는 서호가 가장 유명해요. 용정차(녹차의 종류)의 고향이기도 해요.

看不见黑板上的字。

阿龙　珉珠，我可以看看你的本子吗？
　　　Mínzhū,　wǒ　kěyǐ　kànkan nǐ de　běnzi ma?

珉珠　为什么？
　　　Wèishénme?

阿龙　我看不见黑板上的字。
　　　Wǒ kàn bu jiàn hēibǎn shàng de zì.

珉珠　配眼镜吧。要不然你的眼睛越来越不好。
　　　Pèi yǎnjìng ba.　Yàoburán　nǐ de yǎnjing yuè lái yuè bù hǎo.

阿龙　给我你的眼镜，我试试。哇！看得见了。
　　　Gěi wǒ nǐ de yǎnjìng,　wǒ shìshi.　Wā!　Kàn de jiàn le.

珉珠　看得很清楚吗？
　　　Kàn de hěn qīngchu ma?

阿龙　嗯，明天我要去配眼镜。
　　　Ēn,　míngtiān wǒ yào qù pèi yǎnjìng.

生词

黑板 hēibǎn 칠판
配 pèi (안경을) 맞추다
眼镜 yǎnjìng 안경
要不然 yàoburán 그렇지 않으면
眼睛 yǎnjing 눈
越~越~ yuè~yuè~ ~하면 할수록 ~하다

看不见黑板上的字。 71

1 看不见黑板上的字。Kàn bu jiàn hēibǎn shàng de zì.

「看不见」은 '볼 수 없다'는 뜻으로 「看」과 「见」사이에 「不」를 넣어 불가능하다는 뜻을 나타냅니다. 「不」 대신 「得」를 넣으면 '볼 수 있다'는 뜻이 됩니다.

得		不	
看得见 kàn de jiàn	볼 수 있다	看不见 kàn bu jiàn	볼 수 없다
看得懂 kàn de dǒng	알아볼 수 있다	看不懂 kàn bu dǒng	알아볼 수 없다
找得到 zhǎo de dào	찾을 수 있다	找不到 zhǎo bu dào	찾을 수 없다

2 越~越~ yuè~ yuè~

「越~越~」는 '~하면 할수록 ~하다'라는 뜻입니다.

风越刮越大。
Fēng yuè guā yuè dà.

바람이 점점 세게 분다.

这个孩子越看越可爱。
Zhè ge háizi yuè kàn yuè kě'ài.

이 아이는 보면 볼수록 귀엽다.

我的英语成绩越来越好。
Wǒ de Yīngyǔ chéngjì yuè lái yuè hǎo.

나의 영어 성적은 점점 좋아진다.

口语越练习越说得好。
Kǒuyǔ yuè liànxí yuè shuō de hǎo.

회화는 연습하면 할수록 잘하게 된다.

生词

可爱 kě'ài 귀엽다
成绩 chéngjì 성적
口语 kǒuyǔ 회화

练习 liànxí 연습하다
可怕 kěpà 무섭다, 두렵다

已经 yǐjing 이미, 벌써
位子 wèizi 자리, 좌석

 38

1 吃得了 chī de liǎo

「동사+得了/不了」로 간단하게 '~할 수 있다/없다'를 나타냅니다.

天已经黑了，我去不了你家了。
Tiān yǐjing hēi le, wǒ qù bu liǎo nǐ jiā le.

날이 어두워져서, 너네 집에 못 가겠어.

这么可怕的电影你看得了吗?
Zhème kěpà de diànyǐng nǐ kàn de liǎo ma?

이렇게 무서운 영화 너 볼 수 있니?

2 정도의 得와 가능의 得

5과에서 배웠던 「我跑得快。」와 「我看得见。」은 보기에 비슷하지만 전혀 다른 의미를 가지고 있으므로 비교해서 잘 알아두세요.

	달리는 것이 어떤지의 '정도'를 나타냄		볼 수 있는지 없는지의 '가능'을 나타냄	
긍정	跑得快	(달리는 게)빠르다	看得见	볼 수 있다
부정	跑得不快	(달리는 게)느리다	看不见	볼수 없다
의문	跑得快吗?	(달리는 게)빠르니?	看得见吗?	볼 수 있니?
	跑得快不快?		看得见看不见?	

3 要不然 yàoburán

「要不然」은 '그렇지 않으면'이란 뜻입니다.

我们先去餐厅等他吧，要不然没有位子。
Wǒmen xiān qù cāntīng děng tā ba, yàoburán méiyǒu wèizi.

우리 먼저 식당에 가서 그를 기다리자, 그렇지 않으면 자리가 없을 거야.

看电视远一点儿，要不然你的眼睛越来越不好。
Kàn diànshì yuǎn yìdiǎnr, yàoburán nǐ de yǎnjing yuè lái yuè bù hǎo.

TV 좀 멀리서 봐, 그렇지 않으면 눈이 점점 나빠질 거야.

看不见黑板上的字。 73

1 잘 듣고 질문에 알맞은 답을 고르세요.

❶ 他为什么写不了这个字？

ⓐ 因为他看不见这个字　　　　ⓑ 因为他找不到这个字

ⓒ 因为他看不懂这个字　　　　ⓓ 因为他没有铅笔

❷ 他写不了的字是什么？

ⓐ 参　　　　ⓑ 餐　　　　ⓒ 食　　　　ⓓ 菜

2 잘 듣고 빈칸에 알맞은 답을 써 넣으세요.

❶

英喜：喂，妈妈。是我。

妈妈：英喜你在哪儿？

英喜：我在朋友家。

妈妈：雪＿＿＿＿＿＿。你＿＿＿＿＿＿吗？

英喜：雪都冻了，很滑。

　　　我＿＿＿＿＿＿。

❷

哲秀：你找什么？

英喜：我找钥匙。

哲秀：这个地方太黑，什么都＿＿＿＿＿＿。

　　　钥匙怎么＿＿＿＿＿＿呢！

生词

其实 qíshí 사실은　　　　　　冻 dòng 얼다

说话 말하기

🌸 「越~越~」와 「要不然」의 쓰임을 이해하고 상황에 맞게 적절히 사용할 수 있도록 연습합니다.

1 다음 그림을 보고 越~ 越~를 사용해서 문장을 만들어 보세요.

❶

보기   雨   下   大

_____

❷

보기   天气   来   热

_____

2 그림을 보고 알맞은 말을 넣어 대화를 완성하세요.

_____。

你还吃得了吗？

3 要不然을 사용해서 문장을 완성하세요.

❶ 我们快走吧，[   ]。

❷ 我该努力学习，[   ]。

❸ 你快点儿回去，[   ]。

圣诞老人进城了

 🎧 40

嘿！ 小朋友 你不要怕， 圣诞老人进城了。
Hēi! Xiǎopéngyou nǐ bú yào pà, shèngdàn lǎorén jìnchéng le.

带来礼物带来欢笑。×2
Dài lái lǐwù dài lái huānxiào.

分送给小朋友， 看谁是乖宝宝，
Fēn sòng gěi xiǎopéngyou, kàn shéi shì guāi bǎobǎo,

礼物给他一大包，礼物给他一大包。
lǐwù gěi tā yí dà bāo, lǐwù gěi tā yí dà bāo.

嘿！ 小朋友 你不要怕， 圣诞老人进城了。
Hēi! Xiǎopéngyou nǐ bú yào pà, shèngdàn lǎorén jìnchéng le.

带来礼物带来欢笑。
Dài lái lǐwù dài lái huānxiào.

와! 어린이 여러분 무서워 말아요, 산타 할아버지가 오셨어요.
선물과 기쁨을 가득 싣고 오셨어요.
착한 어린이에게는 선물을 나누어 주신대요,
아주 큰 선물을 말이에요.
와! 어린이 여러분 무서워 말아요,
산타 할아버지가 오셨어요.
선물과 기쁨을 가득 싣고 오셨어요.

你哪儿不舒服?

阿龙　美娜，你脸色太苍白，怎么了？
　　　Měinà,　nǐ liǎnsè tài cāngbái.　Zěnme le?

美娜　我昨天晚上就开始不舒服了。
　　　Wǒ zuótiān wǎnshang jiù kāishǐ bù shūfu le.

阿龙　你哪儿不舒服？
　　　Nǐ nǎr bù shūfu?

美娜　发烧、咳嗽。嗓子也疼。
　　　Fāshāo, késou.　Sǎngzi yě téng.

阿龙　你好像感冒了。去医院了吗？
　　　Nǐ hǎoxiàng gǎnmào le.　Qù yīyuàn le ma?

美娜　还没有。
　　　Hái méiyǒu.

阿龙　快去吧。去医院打针吃药就会好的。
　　　Kuài qù ba.　Qù yīyuàn dǎzhēn chīyào jiù huì hǎo de.

美娜　谢谢，你也小心感冒。
　　　Xièxie,　nǐ yě xiǎoxīn gǎnmào.

生词

舒服 shūfu 편안하다, 상쾌하다
脸色 liǎnsè 안색
苍白 cāngbái 창백하다
发烧 fāshāo 열이 나다
咳嗽 késou 기침하다
嗓子 sǎngzi 목
疼 téng 아프다
好像 hǎoxiàng 마치 ~인 것 같다
感冒 gǎnmào 감기
打针 dǎzhēn 주사맞다
吃药 chīyào 약을 먹다
小心 xiǎoxīn 조심하다

1 你哪儿不舒服？ Nǐ nǎr bù shūfu?

你哪儿不舒服？　　　너 어디가 아프니?
Nǐ nǎr bù shūfu?

머리가 아프다
头疼 tóu téng

배가 아프다
肚子疼 dùzi téng

식은땀이 나다
冒冷汗 mào lěnghàn

열이 나다
发烧 fāshāo

기침하다
咳嗽 késou

목이 아프다
嗓子疼 sǎngzi téng

2 好像 hǎoxiàng

「好像」은 '마치 ~같다'라는 뜻입니다.

你好像生气了。　　　너 화난 것 같아.
Nǐ hǎoxiàng shēngqì le.

他好像生病了。　　　그는 병이 난 것 같아.
Tā hǎoxiàng shēngbìng le.

3 就 jiù

「就」는 시간이나 때를 나타내는 말 뒤에 쓰여 '이미, 벌써'라는 뜻입니다.

八点上课，他七点就来了。　　　8시에 수업이 시작하는데,
Bā diǎn shàngkè, tā qī diǎn jiù lái le.　　그는 7시에 왔다.

约好两点半见面，他两点就到了。　　　2시 반에 만나기로 약속했는데,
Yuēhǎo liǎng diǎn bàn jiànmiàn, tā liǎng diǎn jiù dào le.　그는 2시에 도착했다.

1 去医院打针吃药就会好的。 Qù yīyuàn dǎzhēn chīyào jiù huì hǎo de.

주사를 맞다
打针 dǎzhēn

약을 먹다
吃药 chīyào

링거를 맞다
打点滴 dǎ diǎndī

체온을 재다
量体温 liáng tǐwēn

진찰 받다
看病 kànbìng

입원하다
住院 zhùyuàn

2 才와 就 cái / jiù

「才」는 시간적으로 늦거나(晚), 느릴 때(慢) 쓰고 「就」는 시간적으로 이르거나(早), 빠를 때(快) 씁니다. 「才」를 쓸 때는 보통 「了」를 같이 쓰지 않습니다.

考试九点开始
Kǎoshì jiǔ diǎn kāishǐ
9시에 시험이 시작하는데

她九点半才到。
tā jiǔ diǎn bàn cái dào.
그녀는 9시 반이 되어서야 왔다.

她八点就到了。
tā bā diǎn jiù dào le.
그녀는 8시에 이미 왔다.

五点坐车
Wǔ diǎn zuò chē
5시에 차를 탔는데

七点才到。
qī diǎn cái dào.
7시에야 겨우 도착했다.

五点半就到了。
wǔ diǎn bàn jiù dào le.
5시 반에 벌써 도착했다.

生词

头 tóu 머리
肚子 dùzi 배
冷汗 lěnghàn 식은땀

生气 shēngqì 화나다
生病 shēngbìng 병이 나다
点滴 diǎndī 링거

量 liáng 재다
体温 tǐwēn 체온
住院 zhùyuàn 입원하다

 44

1 잘 듣고 다음 질문에 답하세요.

❶ 她几点来了?

Ⓐ 三点   Ⓑ 三点半   Ⓒ 四点

❷ 他们约好几点了?

Ⓐ 三点   Ⓑ 三点半   Ⓒ 四点

❸ 아롱의 얼굴이 창백해 보인 이유가 아닌 것은?

Ⓐ 因为他生病了。   Ⓑ 因为他生气了。

Ⓒ 因为他等了很长时间。   Ⓔ 因为她来得很晚。

2 대화를 잘 듣고 질문에 알맞은 답을 고르세요.

❶ 증상: 发烧 ☐   头疼 ☐   咳嗽 ☐

   병명: 感冒 ☐   食物中毒 ☐

   처방: 吃药 ☐   打针 ☐   住院 ☐

❷ 증상: 发烧 ☐   拉肚子 ☐   肚子疼 ☐

   병명: 感冒 ☐   食物中毒 ☐

   처방: 吃药 ☐   打针 ☐   住院 ☐

生词

一直 yìzhí 줄곧, 계속해서   病情 bìngqíng 병세
以为 yǐwéi ~라 여기다   食物中毒 shíwù zhòngdú 식중독

说话 말하기

🌸「才」와「就」쓰임의 차이를 알고, 사용하는 연습을 합니다. 병의 증상이나 처방에 대해 이야기합니다. 부록의 만들기를 활용하여, 증상에 대해 이야기해 보세요. 부록 ✂

1 다음 그림을 보고 才와 就 중 알맞은 말을 사용하여 문장을 완성하세요.

①

火车3点出发，＿＿＿＿＿＿。

②

火车3点出发，＿＿＿＿＿＿。

③

电影两点开始，＿＿＿＿＿＿。

④

电影两点开始，＿＿＿＿＿＿。

2 다음 그림을 보고 짝과 의사와 환자가 되어서 대화를 나누어 보세요.

①

②

예

Ⓐ 你哪儿不舒服？

Ⓑ 我发烧，嗓子也疼。

Ⓐ 你好像感冒了，吃点儿药，在家休息。

你哪儿不舒服?

45

你哪儿不舒服?
Nǐ nǎr bù shūfu?

我发烧、咳嗽。
Wǒ fāshāo、késou.

你好像感冒了。
Nǐ hǎoxiàng gǎnmào le.

你哪儿不舒服?
Nǐ nǎr bù shūfu?

我头疼。
Wǒ tóu téng.

你好像生病了。
Nǐ hǎoxiàng shēngbìng le.

脸色太苍白。
Liǎnsè tài cāngbái.

嗓子也疼。
Sǎngzi yě téng.

快去医院吧。
Kuài qù yīyuàn ba.

脸色太苍白。
Liǎnsè tài cāngbái.

还肚子很疼。
Hái dùzi hěn téng.

吃点儿药吧。
Chī diǎnr yào ba.

너 어디 아파? 얼굴이 창백해.
-나 열 나고, 기침하고 목이 아파.
감기인가 보네. 병원에 가서 진찰 받아 봐.

너 어디 아파? 얼굴이 창백해.
-나 머리가 아프고, 배도 많이 아파.
병 걸렸나 보네. 약을 좀 먹어.

중국 사람들은 어디를 가나 보온병을 가지고 다녀요. 늘 차를 가지고 다니는 거예요. 밥을 먹을 때도 찬 물은 마시지 않고 늘 차를 마셔요. 차는 소화와 질병 예방을 돕는다고 해요. 중국 사람들이 아침마다 마시는 콩음료인 또우지앙(豆浆 dòujiāng)은 간단한 아침과 함께 매일 마시는 음료수라고 할 수 있어요. 우리나라의 두유와 비슷한데 여름에는 시원하게 마시기도 해요.

또한 중국 사람들은 일상적으로 발 마사지를 즐기고 태극권과 같은 운동을 많이 해요. 기를 단련시켜 신체의 기능을 활성화하고 정신 건강을 유지하는 좋은 습관이라고 할 수 있어요. 중국의 학교에서는 체육 수업을 매우 중요하게 생각해요. 신체가 건강해야 공부도 열심히 할 수 있다고 생각한답니다.

10 你以后想当什么?

阿龙　你低着头想什么呢?
Nǐ dīzhe tóu xiǎng shénme ne?

美娜　老师让我写一个作文。《你以后想当什么?》
Lǎoshī ràng wǒ xiě yí ge zuòwén. <Nǐ yǐhòu xiǎng dāng shénme?>

阿龙　那你想好了吗?
Nà nǐ xiǎnghǎo le ma?

美娜　我想当律师或者空中小姐,你呢?
Wǒ xiǎngdāng lùshī huòzhě kōngzhōng xiǎojiě, nǐ ne?

阿龙　我想当总统。
Wǒ xiǎng dāng zǒngtǒng.

美娜　别开玩笑了!
Bié kāi wánxiào le!

阿龙　不管你信不信,我都要坚持下去。
Bùguǎn nǐ xìn bu xìn, wǒ dōu yào jiānchí xiàqu.

美娜　祝你梦想成真。
Zhù nǐ mèngxiǎng chéng zhēn!

生词

当 dāng ~이 되다	总统 zǒngtǒng 대통령
低头 dī tóu 머리를 숙이다	开玩笑 kāi wánxiào 농담하다
着 zhe ~하고 있다	不管 bùguǎn ~에 관계없이
作文 zuòwén 글짓기, 작문	信 xìn 믿다
律师 lǜshī 변호사	坚持 jiānchí 견지하다, 지속하다
或者 huòzhě ~가 아니면	梦想成真 mèng xiǎng chéng zhēn 꿈이 이루어지다
空中小姐 kōngzhōng xiǎojiě 스튜어디스	

1 或者 huòzhě

「A或者B」는 'A가 아니면(혹은) B이다'라는 뜻으로 A나 B 둘 중의 하나라는 뜻입니다.

Ⓐ 你明天干什么?
Nǐ míngtiān gàn shénme?

너 내일 뭐 해?

Ⓑ 我要去动物园或者游乐园。
Wǒ yào qù dòngwùyuán huòzhě yóulèyuán.

나 동물원 아니면 놀이공원에 갈 거야.

Ⓐ 你想吃什么风味儿的冰淇淋?
Nǐ xiǎngchī shénme fēngwèir de bīngqílín?

너 무슨 맛 아이스크림 먹고 싶어?

Ⓑ 草莓味儿或者巧克力味儿?
Cǎoméi wèir huòzhě qiǎokèlì wèir.

딸기맛 아니면 초콜릿맛.

2 不管~, 都 bùguǎn~, dōu

「不管~, 都」는 '~에 관계없이, 상관없이'라는 뜻입니다.

不管天气怎么样, 我都去公园跑步。
Bùguǎn tiānqì zěnmeyàng, wǒ dōu qù gōngyuán pǎobù.

날씨에 관계없이, 나는 늘 공원에 가서 달리기를 해요.

不管谁说, 弟弟都不听话
Bùguǎn shéi shuō, dìdi dōu bù tīng huà.

누가 말을 해도, 동생은 듣지 않아요.

生词

游乐园 yóulèyuán 놀이공원	味儿 wèir 맛	躺 tǎng 눕다
风味儿 fēngwèir 맛	听话 tīng huà 말을 듣다	

学习 심화 학습

  48

1 여러 가지 직업

Ⓐ 你以后想当什么？
Nǐ yǐhòu xiǎng dāng shénme?
너 앞으로 뭐가 되고 싶니?

Ⓑ 我以后想当老师。
Wǒ yǐhòu xiǎng dāng lǎoshī.
나는 앞으로 선생님이 되고 싶어.

의사
医生 yīshēng

경찰
警察 jǐngchá

회사원
公司职员 gōngsī zhíyuán

화가
画家 huàjiā

패션 디자이너
服装设计师
fúzhuāng shèjìshī

배우
演员 yǎnyuán

10

2 着 zhe

「着」는 '~하고 있다'는 뜻으로 동작과 상태가 지속되고 있음을 나타냅니다.

外边下着雨呢。
Wàibian xiàzhe yǔ ne.
밖에 비가 내리고 있다.

美娜躺着听音乐。
Měinà tǎngzhe tīng yīnyuè.
미나는 누워서 음악을 듣고 있다.

饭还热着呢，快来吃饭吧。
Fàn hái rèzhe ne, kuài lái chī fàn ba.
밥이 아직 따뜻하니, 얼른 와서 밥 먹어.

1 잘 듣고 질문에 알맞은 답을 고르세요.

❶ 哲秀以后想当什么?

ⓐ 学者　　　　　ⓑ 老师

ⓒ 大学生　　　　ⓓ 律师

❷ 英喜以后想当什么?

ⓐ 老师或者作家　　　　ⓑ 作者或者记者

ⓒ 老师或者记者　　　　ⓓ 学生或者作家

2 잘 듣고 빈칸에 알맞은 말을 넣어 문장을 완성하세요.

❶

Ⓐ 你弟弟怎么这么＿＿＿＿＿?

Ⓑ ＿＿＿＿谁说, 他＿＿＿＿＿＿。
我很担心。

❷

Ⓐ 她去哪儿了?

Ⓑ 她去公园了。

Ⓐ 这么冷的天还去公园了吗?

Ⓑ ＿＿＿＿天气怎么样, 她＿＿＿＿
去公园＿＿＿＿。

生词

教育 jiàoyù 교육　　　　厉害 lìhai 대단하다

说话 말하기

🌸 직업의 이름을 익히고, 앞으로 무엇이 되고 싶은지 묻고 대답하는 연습을 합니다. 부록의 만들기를 활용하여, 게임을 해 보세요. 부록 ✂

1 그림을 보고 예 와 같이 묻고 대답하세요.

예

Ⓐ 你以后想当什么？

Ⓑ 我以后想当歌手或者运动员。

회사원
公司职员
gōngsī zhíyuán

가수
歌手
gēshǒu

의사
医生
yīshēng

운동선수
运动员
yùndòngyuán

요리사
厨师
chúshī

모델
模特儿
mótèr

10

2 친구들에게 무엇이 되고 싶은지 묻고, 빈칸에 적어 보세요.

你以后想当什么？

| |
| |
| |

여러가지 직업

 50

厨师
chúshī
요리사

运动员
yùndòngyuán
운동선수

记者
jìzhě
기자

歌手
gēshǒu
가수

演员
yǎnyuán
배우

画家
huàjiā
화가

外交官
wàijiāoguān
외교관

律师
lǜshī
변호사

农民
nóngmín
농부

渔民
yúmín
어부

우리나라도 영어 이름을 소리나는 대로 적는 것처럼 중국어 또한 영어의 소리음을 빌려서 단어를 만들어요. 이처럼 외래어를 만드는 방법은 여러 가지가 있어요. 뜻은 고려하지 않고 발음이 같거나 비슷한 한자를 사용해서 표기하는 것과 음은 고려하지 않고 뜻을 살려서 새로운 단어를 만들기도 해요. 그리고 음과 뜻을 모두 고려해서 만들기도 한답니다.

초콜릿	巧克力	qiǎokèlì	chocolate
커피	咖啡	kāfēi	cofee
핫도그	热狗	règǒu	뜨거운 강아지
버거킹	汉堡王	Hànbǎowáng	햄버거의 왕
코카콜라	可口可乐	kěkǒu kělè	입에 맞고 즐거운

10

明天你打算做什么？

美娜　你今天又迟到了。
　　　Nǐ jīntiān yòu chídào le.

阿龙　很不好意思。每次见你，我总是迟到。
　　　Hěn bù hǎo yìsi. Měicì jiàn nǐ, wǒ zǒngshì chídào.

美娜　没事儿。你带来了什么？
　　　Méi shìr. Nǐ dàilái le shénme?

阿龙　这是《霸王别姬》。你看过吗？
　　　Zhè shì <Bàwáng biéjī>. Nǐ kànguo ma?

美娜　我只是听过而已。
　　　Wǒ zhǐshì tīngguo éryǐ.

阿龙　明天你打算做什么？我想跟你一起看。
　　　Míngtiān nǐ dǎsuàn zuò shénme? Wǒ xiǎng gēn nǐ yìqǐ kàn.

美娜　明天没什么计划。一起看吧！
　　　Míngtiān méi shénme jìhuà. Yìqǐ kàn ba!

生词

打算 dǎsuàn ~할 계획이다

每次 měicì 매번

总是 zǒngshì 늘, 언제나

带来 dàilái 가지고 오다

霸王别姬 Bàwáng biéjī 패왕별희(경극의 하나)

只是 zhǐshì 다만, 단지 ~에 불과하다

而已 éryǐ ~뿐

计划 jìhuà 계획

1 打算 dǎsuàn

「打算」은 '~할 계획이다, ~하려고 하다'라는 뜻입니다.

他打算怎么办?
Tā dǎsuàn zěnme bàn?

그는 어떻게 할 계획이래?

我打算一个人去中国。
Wǒ dǎsuàn yí ge rén qù Zhōngguó.

나는 혼자서 중국에 가려고 해.

Ⓐ 寒假的时候，你打算做什么?
Hánjià de shíhou, nǐ dǎsuàn zuò shénme?

겨울 방학 때, 너 뭐 할 계획이니?

Ⓑ 我打算去中国旅游。
Wǒ dǎsuàn qù Zhōngguó lǚyóu.

나는 중국에 여행 갈 계획이야.

2 每次 měicì

「每次」는 '매번'이란 뜻입니다.

每次睡觉的时候，妈妈都给我唱一首摇篮曲。
Měicì shuìjiào de shíhou, māma dōu gěi wǒ chàng yì shǒu yáolánqǔ.

(매번) 잘 때마다, 엄마는 나에게 자장가를 불러 주신다.

每次下大雪，孩子们都打雪仗。
Měicì xià dàxuě, háizimen dōu dǎ xuězhàng.

(매번) 눈이 많이 내릴 때마다, 아이들은 눈싸움을 한다.

生词

寒假 hánjià 겨울 방학	摇篮曲 yáolánqǔ 자장가	做噩梦 zuò èmèng 악몽을 꾸다
旅游 lǚyóu 여행하다	打雪仗 dǎ xuězhàng 눈싸움을 하다	任性 rènxìng 제멋대로 하다
首 shǒu 시나 노래를 세는 양사	用功 yònggōng 열심히 공부하다	碗 wǎn 공기(공기를 세는 양사)

1 我只是听过而已。Wǒ zhǐshì tīngguo éryǐ.

「只是~而已」는 '단지 ~일 뿐이다'는 뜻입니다.

他用功学习，只是为了考上大学而已。
Tā yònggōng xuéxí, zhǐshì wèile kǎoshàng dàxué éryǐ.

그가 열심히 공부하는 것은, 단지 대학교에 들어가기 위해서이다.

她只是想跟你说话，没有别的意思。
Tā zhǐshì xiǎng gēn nǐ shuō huà, méiyǒu bié de yìsi.

그녀는 단지 너랑 이야기하고 싶은 거지, 다른 뜻은 없어.

2 总是 zǒngshì

「总是」는 '늘, 줄곧'의 뜻입니다.

这几天总是做噩梦。
Zhè jǐ tiān zǒngshì zuò èmèng.

요 며칠 계속 악몽을 꾸었다.

这个孩子太任性，总是不听大人的话。
Zhè ge háizi tài rènxìng, zǒngshì bù tīng dàrén de huà.

이 아이는 너무 제멋대로여서, 늘 어른들의 말은 듣지 않는다.

3 又 yòu

「又」는 '또, 다시'라는 뜻으로 일이 반복되어 발생했을 때 씁니다.

你又来晚了。
Nǐ yòu láiwǎn le.

너 또 늦게 왔구나.

他刚吃完方便面，又吃面包。
Tā gāng chīwán fāngbiànmiàn, yòu chī miànbāo.

그는 방금 라면을 다 먹었는데 또 빵을 먹는다.

＊又는 전에 일어난 일이 또 다시 반복되어 일어났을 때 쓰고, 再는 아직 일어나지 않은 일에 대해 씁니다.

Ⓐ 服务员，再来一碗米饭。
Fúwùyuán, zài lái yì wǎn mǐfàn.

여기요, 밥 한 그릇 더 주세요.

Ⓑ 你又要吃一碗吗？
Nǐ yòu yào chī yì wǎn ma?

너 한 그릇 또 먹을려구?

1 잘 듣고 빈칸에 알맞은 말을 써 넣으세요.

① 美娜：你看起来很累。

　　阿龙：这几天 _____ 做噩梦，睡不好觉。

② 这几天 _____ 下雨。

③ 她 _____ 想跟你说话，没有别的意思。

④ 他学习汉语，_____ 为了看中国电影。

⑤ 这个孩子太任性，_____ 不听父母的话。

⑥ 阿龙：美娜，你 _____ 迟到了 。

⑦ 阿龙：服务员，_____ 来一碗米饭。

　　美娜：你 _____ 要吃一碗吗？

| 보기 | 只是 | 又 | 而已 | 再 | 总是 |

说话 말하기

❀ 「打算」과 「每次」를 사용하여 무엇을 할 계획인지, 특정한 상황에서는 무엇을 하는지 묻고 대답하면서 생활 표현을 익힙니다.

1 보기를 참고해서 짝과 함께 例 처럼 말해 보세요.

| 보기 | 看电影　　去游乐园　　打扫房间　　做作业　　逛街
去教堂　　学习　　去朋友家　　剪头发　　去澡堂 |

例

Ⓐ 这个周末你打算做什么?

Ⓑ 我打算去朋友家。

❶

每次下雪, ＿＿＿＿＿＿＿＿＿。

❷

每次寒假, ＿＿＿＿＿＿＿＿＿。

❸

每次无聊的时候, ＿＿＿＿＿＿＿＿＿。

生词

逛街 guàngjiē 거리를 거닐다　　　剪头发 jiǎn tóufa 머리카락을 자르다
教堂 jiàotáng 교회　　　　　　　澡堂 zǎotáng 목욕탕

打算做什么?

 55

明天你打算做什么?
Míngtiān nǐ dǎsuàn zuò shénme?

明天我打算登山。
Míngtiān wǒ dǎsuàn dēngshān.

下星期你打算做什么?
Xià xīngqī nǐ dǎsuàn zuò shénme?

下星期我打算去演唱会。
Xià xīngqī wǒ dǎsuàn qù yánchànghuì.

下个月你打算做什么?
Xià ge yuè nǐ dǎsuàn zuò shénme?

下个月我打算去中国。
Xià ge yuè wǒ dǎsuàn qù Zhōngguó.

내일 너 뭐 할 계획이니?
내일 등산할 거야.

다음 주에 너 뭐 할 계획이니?
다음 주에 콘서트에 갈 거야.

다음 달에 너 뭐 할 계획이니?
다음 달에 중국 갈 거야.

경극

우리나라에 판소리나 마당극, 탈춤이 있다면, 중국에는 경극이 있어요. 경극하면 화려한 의상과 분장, 독특한 목소리로 부르는 노래, 그리고 절도 있으면서도 섬세한 동작을 떠올릴 수 있어요. 경극의 의상은 대부분 명나라 시대의 옷이며, 색깔이 다채롭고, 화려하며 강렬해요. 경극에서 배우들은 얼굴에 가면을 쓰거나 분장을 하는데, 각각의 색깔을 보면 그 역할이 어떤 특징을 가지고 있는지 알 수 있어요.

 붉은 얼굴 - 정의로움, 충성

 검은 얼굴 - 용맹, 지혜

 파란 얼굴 - 오만한 영웅, 사악함

 녹색 얼굴 - 난폭함

 하얀 얼굴 - 교활함

고음의 독특한 창법으로 부르고, 악기는 이호(두 줄로 된 현악기)나 비파를 사용해요. 무대에는 특별한 장치가 필요하지 않고, 모든 것을 작은 소품이나 동작으로 표현해요.

12

不是吃月饼，而是吃饺子。

阿龙　春节快要到了!
Chūnjié kuàiyào dào le!

珉珠　看你喜洋洋的样子。　过春节那么好吗?
Kàn nǐ xǐyángyáng de yàngzi.　Guò Chūnjié nàme hǎo ma?

阿龙　春节不但全家团圆，而且有很多好吃的东西。
Chūnjié búdàn quánjiā tuányuán, érqiě yǒu hěn duō hǎochī de dōngxi.

珉珠　吃月饼!
Chī yuèbǐng!

阿龙　春节不是吃月饼，而是吃饺子。
Chūnjié búshì chī yuèbǐng, érshì chī jiǎozi.

　　　这次春节收到压岁钱，你想干什么?
Zhè cì Chūnjié shōudào yāsuìqián, nǐ xiǎng gàn shénme?

珉珠　我想买一双漂亮的皮鞋。
Wǒ xiǎng mǎi yì shuāng piàoliang de píxié.

生词

春节 Chūnjié 설날(음력 1월 1일)
喜洋洋 xǐyángyáng 매우 기뻐하는 모양
过 guò 보내다
不但~而且~ búdàn~ érqiě~ ~일 뿐만 아니라 ~도
全家 quánjiā 온가족
团圆 tuányuán 가족이 한자리에 모이다
不是~而是~ búshì~ érshì~ ~이 아니고 ~이다
收到 shōudào 받다
压岁钱 yāsuìqián 세뱃돈
双 shuāng 켤레(쌍을 이루는 것을 세는 양사)
皮鞋 píxié 구두

不是吃月饼，而是吃饺子。

57

1 不但~而且~ búdàn~, érqiě~

'~일 뿐만 아니라 ~도'라는 뜻으로 「而且」는 「也, 还」를 써서 표현할 수 있습니다.

我不但爱打排球，而且爱打篮球。
Wǒ búdàn ài dǎ páiqiú, érqiě ài dǎ lánqiú.

나는 배구를 좋아할 뿐만 아니라, 농구도 좋아한다.

这个口红不但颜色好看，而且保护嘴唇。
Zhè ge kǒuhóng búdàn yánsè hǎokàn, érqiě bǎohù zuǐchún.

이 립스틱은 색깔이 예쁠 뿐만 아니라, 입술도 보호해 준다.

这个市场不但价格便宜，东西也好。
Zhè ge shìchǎng búdàn jiàgé piányi, dōngxi yě hǎo.

이 시장은 가격도 싸고, 물건도 좋다.

2 不是~而是~ búshì~, érshì~

「不是~而是~」는 '~이 아니고 ~이다'라는 뜻입니다.

这不是你的错，而是我的错。
Zhè búshì nǐ de cuò, érshì wǒ de cuò.

이건 너의 잘못이 아니고, 내 잘못이다.

她昨天去的不是医院，而是书店。
Tā zuótiān qù de búshì yīyuàn, érshì shūdiàn.

그녀가 어제 간 곳은 병원이 아니고, 서점이다.

我不是身体不好，而是心情不好。
Wǒ búshì shēntǐ bù hǎo, érshì xīnqíng bù hǎo.

나는 몸이 안 좋은게 아니라, 기분이 안 좋아.

生词

口红 kǒuhóng 립스틱	嘴唇 zuǐchún 입술	错 cuò 잘못, 실수
保护 bǎohù 보호하다	价格 jiàgé 가격	心情 xīnqíng 마음, 기분

 学习 심화학습

  58

1 东西 dōngxi

「东西」는 'dōngxī'와 'dōngxi'로 발음할 수 있는데 'dōngxī'는 '동쪽과 서쪽'을 의미하고 'dōngxi'는 각종 물건이나 음식 등을 가리킵니다.

你买这么多东西干什么？   너 이렇게 많은 것들을 사서 뭐 할 거니?
Nǐ mǎi zhème duō dōngxi gàn shénme?

我们去快餐厅买点儿东西吃吧！   우리 패스트푸드점에 가서 뭐라도 사 먹자.
Wǒmen qù kuàicāntīng mǎi diǎnr dōngxi chī ba!

这小东西真可爱。   이 꼬마 녀석 참 귀엽네.
Zhè xiǎo dōngxi zhēn kě'ài.

2 새해에 할 수 있는 말

过年好！　／　新年好！   새해 복 많이 받으세요!
Guònián hǎo!　　Xīnnián hǎo!

新年快乐！   새해 복 많이 받으세요!
Xīnnián kuàilè!

春节愉快！   즐거운 새해 되세요!
Chūnjié yúkuài!

祝你万事如意！   모든 일이 뜻대로 되시길!
Zhù nǐ wàn shì rú yì!

恭喜发财！   부자되세요!(돈 많이 버세요!)
Gōngxǐ fā cái!

身体健康，心想事成！   건강하시고, 바라는 일들 모두 이루시길 바라요!
Shēntǐ jiànkāng, xīnxiǎng shìchéng!

 生词

恭喜 gōngxǐ 축하하다   发财 fā cái 돈을 벌다, 부자가 되다

12

不是吃月饼，而是吃饺子。 105

  59

1 잘 듣고 알맞은 그림을 찾아서 연결하세요.

① •

② •

③ •

2 잘 듣고 새해 인사말로 맞는 것에 동그라미 하세요.

身体健康!　　　　万事如意!　　　　春节愉快!

圣诞快乐!　　　　过年好!　　　　白头偕老!

心想事成!　　　　一路平安!　　　　名不虚传!

说话 _{말하기}

🍀 「不但~, 而且~」와「不是~, 而是~」의 뜻과 쓰임을 정확히 이해하고 사용하도록 합니다.

1 다음 그림을 보고 알맞은 말을 넣어 말해 보세요.

| 힌트 | 身体不好　去书店　心情不好 |
| | 价格便宜　去网吧　种类很多 |

❶
　不但　　　　　而且

❷
　不是　　而是

❸
　不是　　而是　

12

恭喜恭喜

 60

每条大街小巷，
Méi tiáo dàjiē xiǎoxiàng,

每个人的嘴里，
měi ge rén de zuǐ li,

见面第一句话，
jiànmiàn dì yí jù huà,

就是恭喜恭喜。
jiù shì gōngxǐ gōngxǐ.

恭喜恭喜恭喜你呀，
Gōngxǐ gōngxǐ gōngxǐ nǐ ya,

恭喜恭喜恭喜你。
gōngxǐ gōngxǐ gōngxǐ nǐ.

冬天已到尽头，
Dōngtiān yǐ dào jìn tóu,

真是好的消息，
zhēnshì hǎo de xiāoxi,

温暖的春风，
wēnnuǎn de chūnfēng,

就要吹醒大地。
jiù yào chuīxǐng dàdì.

恭喜恭喜恭喜你呀，
Gōngxǐ gōngxǐ gōngxǐ nǐ ya,

恭喜恭喜恭喜你。
gōngxǐ gōngxǐ gōngxǐ nǐ.

큰 길과 작은 길목에 모든 사람들의 입에서
만났을 때 첫마디 말은 '축하해'입니다.
축하해, 축하해, 축하해, 축하해.
겨울은 끝나가는데 정말 좋은 소식이에요.
따뜻한 봄바람이 대지를 깨웁니다.
축하해, 축하해, 축하해, 축하해.

春节(설) 음력 1월 1일

설날을 중국어로는 **春节(Chūnjié)**라고 해요. 설이 되면 집을 깨끗이 청소하고, 집 안과 밖에 그림이나 좋은 글귀를 붙여요. 전날 밤에는 폭죽을 터뜨리는데, 이것은 묵은 해를 보내고 새로운 해를 맞이한다는 의미를 담고 있어요.

설날 아침이 되면 북방에서는 만두를 먹고, 남방에서는 니엔까오(**年糕 niángāo**:떡과 야채를 소스와 함께 볶은 요리)나 탕위엔(**汤圆 tāngyuán**:과일과 새알심 모양의 떡을 설탕물에 넣어 끓인 요리)을 먹어요. 그리고 친척이나 친구집을 방문해서 세배(**拜年 bàinián**)를 하고, 아이들에게는 세뱃돈(**压岁钱 yāsuìqián**)을 줍니다. 또한 설에는 용춤이나 사자춤 같은 다양한 행사가 열리기도 한답니다.

1 보기에서 알맞은 단어를 찾아 빈칸을 채우세요.

❶ _____北京以外，_____去过什么地方？

❷ 妹妹_____回家_____做作业。

❸ 雨越_____越_____。

❹ _____篮球_____，我都不会打。

❺ 我_____没吃过北京烤鸭。

보기

一
下
以外
除了
从来
还
就
大

2 그림을 보고 빈칸에 알맞은 한자와 해석을 쓰세요.

❶

□ 疼

_____

❷

□ 冷汗

_____

❸

□ 烧

_____

❹

吃 □

_____

❺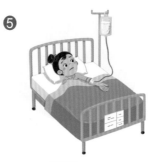

□ 点滴

_____

❻

□ 院

_____

3 그림을 보고 대화를 완성하세요.

❶

ⓐ 你以后想当什么?

ⓑ _____

❷

ⓐ 她在干什么?

ⓑ _____

❸

ⓐ 她去哪儿?

ⓑ 她去公园了。

_____ ,

她都去公园跑步。

❹

考试九点开始,

_____

4 그림을 보고, 주어진 단어를 사용하여 작문해 보세요.

❶

（不但～，而且～）

_____

❷

（不是～，而是～）

_____

❸

（又）

_____

❹

（越～，越～）

_____

5 한국어 해석을 보고 순서대로 배열하여 문장을 완성하세요.

❶ 칠판 글씨가 보이지 않아. （ 看不见 / 字 / 我 / 的 / 黑板 / 上 ）

_____

❷ 잘 보이니? （ 吗 / 得 / 清楚 / 看 ）

_____

6 미나의 다이어리를 보고, 물음에 답하세요.

星期一	星期二	星期三

星期四	星期五	星期六

美娜打算做什么？

① 星期一 : _____

② 星期二 : _____

③ 星期三 : _____

④ 星期四 : _____

⑤ 星期五 : _____

⑥ 星期六 : _____

1 你想给她什么礼物?

그녀에게 무슨 선물 줄 거야?

해석	p.10

아롱　내일 민주 생일인데, 너 알고 있니?

미나　알고 있어. 너 민주에게 무슨 선물 줄 거야?

아롱　아직 생각 못 했어.

미나　그럼, 우리 같이 가서 선물 사는게 어때?

아롱　좋은 생각이다! 6시에 학교 정문에서 만나자!

미나　좀 이따가 보자!

듣기 정답	p.14

1.

- 阿龙去图书馆做作业。
- 阿龙去图书馆准备考试。
- 阿龙去图书馆看书。

- 英喜回家打扫房间。
- 英喜回家弹钢琴。
- 英喜回家学习汉语。

2.

ⓒ 改天见吧！

말하기 정답	p.15

① 美娜送给阿龙两张电影票。

② 美娜送给妈妈一件礼物。

③ 阿龙借给美娜一本书。

④ 阿龙借给妹妹一件毛衣。

⑤ 英喜寄给美娜一封信。

2 我来晚了。

내가 늦게 왔지.

해석	p.18

아롱　미안해, 내가 늦게 왔지.

미나　아롱, 우리 6시에 만나기로 약속했는데, 어떻게 7시가 되어서야 온 거니?

아롱　정말 미안해. 나올 때, 마침 엄마가 좀 도와 달라고 하셔서.

미나　알았어. 우리 빨리 백화점에 가자. 곧 문을 닫을 거야.

듣기 정답	p.22

1.

① ⓑ

② ⓑ

③ ⓑ

말하기 정답	p.23

1.

① 做好了。　没做好。

② 看到了。　 没看到。

2.

① 晚饭我已经吃好了。

② 我还没看到今天的报纸。

③ 作业都做好了。

3 祝你生日快乐！

생일 축하해!

해석	p.26

미나　생일 축하해! 이건 우리가 너에게 주는 선물이야.

아롱　열어 봐봐!

민주　와! 스웨터다! 나 스웨터 입는 거 좋아해.

미나　한번 입어 봐.

아롱　조금 커 보이는데.

민주　크지도 않고, 작지도 않은 게 몸에 딱 맞아. 애들
　　아 고마워!

듣기 정답　　　　　　　　　　　p.30

1.

① 祝你学习进步！

② 祝你生日快乐！

③ 祝你新年快乐！

2.

말하기 정답　　　　　　　　　　　p.31

1.

A: 听说，你爱玩儿电子游戏，对不对？

B: 对，电子游戏是我的爱好。

A: 听说，你爱画画儿，对不对？

B: 对，画画儿是我的爱好。

A: 听说，你爱听音乐，对不对？

B: 对，听音乐是我的爱好。

2.

① 祝你学习进步！

② 祝你生日快乐！

③ 祝你身体健康！

④ 祝你新年快乐！

4 你吃过中国饺子吗？ 중국 만두 먹어 봤어?

해석　　　　　　　　　　　p.34

아롱　미나야, 너 중국 만두 먹어 봤니?

미나　아직 먹어 보지 못 했어.

아롱　만약 토요일에 시간 있으면, 우리집에 와서 놀자.
　　토요일에 엄마가 만두 빚으신대.

미나　중국 만두는 한국 만두랑 맛이 다르니?

아롱　맛은 비슷해.

미나　좋아, 꼭 갈게!

듣기 정답　　　　　　　　　　　p.38

① ⓒ

② ⓐ

③ ⓒ

④ ⓑ

말하기 정답　　　　　　　　　　　p.39

1.

① 如果你有什么问题，就问问老师。

② 如果我找到你的小狗，就给你打电话。

2.

A: 你吃过小笼包吗？

B: 我吃过小笼包。

A: 你吃过油条吗？

B: 我还没吃过油条。

5 谁跑得快？ 누가 더 빨리 뛰어?

해석　　　　　　　　　　　p.42

미나　내가 문제 하나 낼게, 대답해 봐. 거북이랑 토끼
　　중에 누가 더 빨리 뛸 거라고 생각해?

아롱　당연히 토끼가 빨리 뛰지.

미나　꼭 그렇지는 않아. 어떤 때는 거북이가 더 빨리 뛰어.

아롱 　 그런게 어딨어?

미나 　 너 아직 《이솝우화》 본 적 없니? 거기에 《거북이
　　　 와 토끼》라는 이야기를 한번 읽어 봐.

듣기 정답　　　　　　　　　　　p.46

1.

①

　　ⓒ 公共汽车来得晚。

②

　　① ⓑ 走得慢。

　　② ⓐ 她要走快点儿。

③

　　① ⓐ 日语课

　　② ⓒ 汉语老师

말하기 정답　　　　　　　　　　　p.47

1.

① 起得晚　　起得早

② 洗得干净　　　洗得不干净

③ 买得少　　买得多

④ 吃得少　　吃得多

6 好是好，可是太贵了。

좋긴 좋은데, 너무 비싸요.

해석　　　　　　　　　　　　　　p.50

점원아가씨 　 어서오세요.

미나 　　　 저기요, 이 장갑 어떻게 파세요?

점원아가씨 　 빨간색이요 아님 파란색이요?

미나 　　　 빨간색 벙어리 장갑이요.

점원아가씨 　 15000원입니다. 이 장갑은 예쁘기도 하고,
　　　　　　　 따뜻하기도 해요.

미나 　　　 좋긴 좋은데, 너무 비싸네요. 좀 싸게 해주
　　　　　　 실 수 있나요?

점원아가씨 　 네, 10% 할인해 드릴게요.

듣기 정답　　　　　　　　　　　p.54

1.

① 　这个书包又重又大。

② 　这个橘子又酸又甜。

③ 　这双袜子又便宜又暖和。

④ 　这杯咖啡又贵又苦。

2.

① ⓑ 十块一斤

② ⓒ 打八折

③ ⓑ 两斤

말하기 정답　　　　　　　　　　　p.55

1.

泡菜是好吃是好吃，可是太辣。

手套儿是好看是好看，可是太贵。

电影有意思是有意思，可是太长。

中文小说有意思是有意思，可是太难。

2.

① 便宜点儿。

② 快点儿。

③ 小心点儿。

④ 大声点儿。

7 风景怎么这么美！

풍경이 어쩜 이렇게 아름다운지!

해석   p.62

미나   여긴 어디야? 풍경이 어쩜 이렇게 아름다운지!

민주   중국의 소주야.

미나   '위에는 천국이 있고, 아래에는 소주와 항주가 있
       다'의 소주 말야?

아롱   맞아. 난 보자마자 알았는데. 소주는 정말 명성 그
       대로 더라.

미나   나는 한 번도 중국에 가 보지 못했어. 넌 소주 외
       에 또 어디 가 봤니?

민주   항주, 상해에 가 봤어.

듣기 정답   p.66

1.

① ⓑ 冰淇淋, ⓒ 薯条

② ⓓ 什么也没吃

③ ⓑ 700韩元

2.

① 对牛弹琴

② 如鱼得水

③ 与众不同

말하기 정답   p.67

1.

① 数学怎么这么难。

② 这个戒指怎么这么贵。

③ 今天怎么这么热。

④ 它怎么这么大。

2.

① 亡羊补牢 : '소 잃고 외양간 고친다'는 뜻

② 井底之蛙 : '우물 안의 개구리'라는 뜻

8 看不见黑板上的字。

칠판의 글씨가 안 보여.

해석   p.70

아롱   민주야, 네 공책 좀 봐도 될까?

미나   왜?

아롱   칠판의 글씨가 안 보여.

미나   안경 맞춰. 그렇지 않으면 눈이 점점 더 나빠질 거
       야.

아롱   네 안경 좀 줘 봐, 한번 껴 볼게. 와! 보인다.

미나   잘 보이지?

아롱   응, 내일 안경 맞추러 가야겠다.

듣기 정답   p.74

1.

① ⓒ 因为他看不懂这个字

② ⓑ 餐

2.

① 英喜：喂，妈妈是我。

    妈妈：英喜你在哪儿？

    英喜：我在朋友家。

    妈妈：雪<u>越来越大</u>。你<u>回得来</u>吗？

    英喜：雪都冻了，很滑。我<u>回不去</u>。

② 哲秀：你找什么？

    英喜：我找钥匙。

    哲秀：这个地方太黑，什么都<u>看不见</u>。钥匙怎么<u>找得</u>
        <u>到</u>呢！

말하기 정답   p.75

1.

① 雨越下越大。

② 天气越来越热。

2.

我吃不了。

3.

① 我们快走吧，<u>要不然迟到</u>。

② 我该努力学习，<u>要不然考不上大学</u>。

③ 你快点儿回去，<u>要不然妈妈生气</u>。

9 你哪儿不舒服? 어디가 안 좋아?

해석   p.78

아롱   미나야, 너 얼굴이 너무 창백하다. 왜 그래?

미나   어제 저녁부터 몸이 안 좋아.

아롱   어디가 안 좋은데?

미나   열이 나고, 기침을 해. 목도 아파.

아롱   너 감기 같다. 병원은 갔어?

미나   아직 안 갔어.

아롱   얼른 가. 병원에 가서 주사 맞고 약 먹으면 바로 좋아질 거야.

미나   고마워, 너도 감기 조심해.

듣기 정답   p.82

1.

① ⓒ 四点

② ⓐ 三点

③ ⓐ 因为他生病了。

2.

① 증상: 发烧, 咳嗽

   병명: 感冒

   처방: 打针

② 증상: 发烧, 拉肚子, 肚子疼

   병명: 食物中毒

   처방: 住院

말하기 정답   p.83

1.

① 火车3点出发，<u>他2点半就来了</u>。

   火车3点出发，<u>他3点才到了</u>。

② 电影两点开始，<u>她一点就到了</u>。

   电影两点开始，<u>她两点才到</u>。

10 你以后想当什么?

앞으로 뭐가 되고 싶어?

해석   p.86

아롱   고개 숙이고 무슨 생각을 하니?

미나   선생님이 작문 숙제를 하나 주셨어.〈앞으로 뭐가 되고 싶어요?〉

아롱   그럼 다 생각했어?

미나   나는 변호사 아니면 스튜어디스가 될 거야. 너는?

아롱   나는 대통령이 될 거야.

미나   농담하지 마!

아롱   나 농담하는 거 아니야! 니가 믿든지 말든지, 나는 계속 밀고 나갈 거야.

미나   그 꿈 꼭 이루길 바래!

듣기 정답   p.90

1.

① ⓑ 老师   ② ⓑ 作者或者记者

2.

① A: 你弟弟怎么这么<u>任性</u>？

   B: <u>不管谁说</u>，他都不听话。我很担心。

② A: 她去哪儿了？

   B: 她去公园了。

   A: 这么冷的天还去公园了吗？

   B: <u>不管天气怎么样</u>，<u>她都去公园跑步</u>。

11 明天你打算做什么?

내일 너 뭐 할 계획이야?

해석   p.94

미나   너 오늘 또 지각이구나.

아롱   정말 미안해. 매번 너를 볼 때마다, 늘 지각하네.

미나   괜찮아. 너 뭐 가지고 온 거야?

아롱   이건 〈패왕별희〉야. 너 본 적 있니?

미나   나 들어 보기만 했어.

아롱   내일 너 뭐 할 계획이야? 나 너랑 같이 보고 싶은
       데.

미나   내일 특별한 계획 없어. 같이 보자!

듣기 정답   p.98

1.

① 美娜 : 你看起来很累。

     阿龙 : 这几天总是做恶梦，睡不好觉。

② 这几天总是下雨。

③ 她只是想跟你说话，没有别的意思。

④ 他学习汉语，只是为了看中国电影。

⑤ 这个孩子太任性，总是不听父母的话。

⑥ 阿龙 : 美娜，你又迟到了。

⑦ 阿龙 : 服务员，再来一碗米饭。

     美娜 : 你又要吃一碗吗？

말하기 정답   p.99

1.

① 每次下雪，我都打雪仗、堆雪人。

② 每次寒假，我都去朋友家玩。

③ 每次无聊的时候，我都看电影。

12 不是吃月饼，而是吃饺子。

월병이 아니라, 만두를 먹어.

해석   p.102

아롱   곧 설날이야!

민주   기뻐하는 모습 좀 봐. 설날이 그렇게 좋아?

아롱   두 말하면 잔소리지! 설날에는 온가족이 다 모이
       고, 게다가 맛있는 것도 많잖아.

민주   월병 먹지!

아롱   설날에는 월병이 아니라, 만두를 먹어.
       이번 설날에 세뱃돈 받으면, 넌 뭐 할 생각이야?

민주   난 예쁜 구두를 하나 사고 싶어.

듣기 정답   p.106

1.

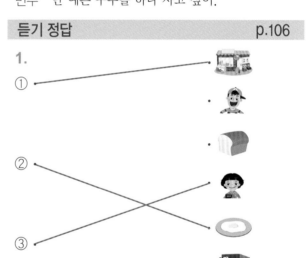

2.

身体健康!   万事如意!   春节愉快!

圣诞快乐!   过年好!   白头偕老!

心想事成!   一路平安!   名不虚传!

말하기 정답   p.107

1.

① 这个超市不但价格便宜，而且种类很多。

② 美娜不是身体不好，而是心情不好。

③ 阿龙去的不是书店，而是网吧。

부록

듣기 스크립트

1과 그녀에게 무슨 선물 줄 거야? p14

1.

① 阿龙去图书馆做作业。

　阿龙去图书馆准备考试。

　阿龙去图书馆看书。

② 英喜回家打扫房间。

　英喜回家弹钢琴。

　英喜回家学习汉语。

2.

A: 美娜，我们什么时候见面？

B: 我最近特别忙。一点儿时间也没有。

A: 那么我们＿＿＿＿＿＿＿

2과 내가 늦게 왔지. p22

① A: 你跟珉珠约好几点见面？

　B: 我们约好五点见面。

② A: 快要四点了。你作业都做好了吗？

　　不做好，妈妈不让你出去。

　B: 我还没做好呢。怎么办？

③ A: 你吃好方便面了吗？

　B: 方便面已经在我的肚子里了。

3과 생일 축하해! p30

1.

① 听说，你最近开始学汉语了。

　祝你学习进步！

② A: 祝你生日快乐！

　B: 祝你生日快乐！

③ 快要新年了。祝你新年快乐。

2.

① A: 那是什么？

　B: 这是可可。

　　可可有点儿热，慢慢儿喝吧。

② 这件衣服看起来还好，穿起来有点儿小。

③ A: 阿龙，你今天看起来很累。

　B: 我今天有点儿累。

4과 중국 만두 먹어 봤어? p38

1.

① A: 你去过中国吗？

　B: 我去过中国。

　A: 还去过哪个国家？

　B: 还去过印度。

　问：她没去过哪个国家？

② A: 你会什么运动？

　B: 我会游泳、滑冰。

　A: 滑雪呢？

　B: 我还没学过滑雪。

　问：阿龙没学过什么运动？

③ A: 美娜，你看过《哈利波特》吗？

　B: 我还没看过。

　A: 听说，《甜蜜蜜》很感人。我很想看。

　B: 我也很想看。

　A: 《黄飞鸿》看过吗？

　B: 这个我以前看过。你一定看吧。

　问：美娜看过什么电影？

④ A: 你看，今天我跟你个子差不多。

　B: 原来我比你高5公分。今天怎么回事儿？

　A: 秘密！

　B: 啊！你今天穿高跟鞋了。

　问：他们今天为什么个子差不多？

5과 누가 더 빨리 뛰어? p46

1.

A: 你昨天睡得晚吗？

B: 昨天睡得比较早。

A: 那么，今天为什么迟到了？起得晚吗？

B: 今天起得早。因为公共汽车来得很晚，所以迟到了。

2.

A: 你走得太慢！

B: 你没听说过"慢慢地"吗？我是真正的中国人。

A: 我是真正的韩国人。我们走快点儿，好不好？

3.

A: 我觉得日语课最难。

B: 我觉得汉语课最难。可是汉语老师最帅！

A: 我觉得我自己更帅呢。

B: 我不觉得！

6과 좋긴 좋은데, 너무 비싸요. p54

1.

① 这个书包又重又大。

② 这个橘子又酸又甜。

③ 这双袜子又便宜又暖和。

④ 这杯咖啡又贵又苦。

2.

A: 这苹果怎么卖？

B: 十块一斤。

A: 太贵了。

B: 贵是贵，可是非常好吃。

A: 可不可以打折？

B: 可以打八折。

A: 好，给我两斤吧。

7과 풍경이 어쩜 이렇게 아름다운지! p66

1.

A: 昨天你吃了什么？

B: 昨天我吃了汉堡包。

A: 除了汉堡包以外，还吃了什么？

B: 还吃了薯条和冰淇淋，你呢？

A: 我除了方便面以外，什么也没吃。

B: 为什么？

A: 昨天我除了七百韩元以外，一点儿钱也没有。

2.

① 对牛弹琴

② 如鱼得水

③ 与众不同

8과 칠판의 글씨가 안 보여. p74

1.

A: 快乐什么厅？这是什么字？

B: 快乐餐厅。

A: 啊，是"餐"字？

B: 对。这个字你看不懂，还是看不见？

A: 看不见。

B: 那你写吧。

A: 我…我写不了。

B: 为什么写不了？

A: 其实我看不懂这个字。

2.

① 英喜：喂，妈妈是我。

　　妈妈：英喜你在哪儿？

　　英喜：我在朋友家。

　　妈妈：雪越来越大。你回得来吗？

　　英喜：雪都冻了，很滑。我回不去。

② 哲秀：你找什么？

英喜：我找钥匙。

哲秀：这个地方太黑，什么都看不见。

钥匙怎么找得到呢！

9과 어디가 안 좋아? p82

1.

A: 你脸色太苍白，有什么事儿吗？

B: 没有。

A: 生病了吗？

B: 没有。

A: 你一直说"没有"，让我怎么办？

B: 我三点就到了。

A: 三点？你为什么三点就来了？

B: 我们约好三点见面，你四点才来。

A: 啊！真对不起。我以为我们约好四点呢。

2.

① A: 你哪儿不舒服？

B: 我发烧，咳嗽。

A: 你好像感冒了，打一针就会好的。

② A: 你还拉肚子吗？

B: 是。还发烧、肚子疼。

A: 早上量体温了吗？

B: 量过。三十七度五。

A: 你好像食物中毒了。再住几天看看病情吧。

10과 앞으로 뭐가 되고 싶어? p90

1.

A: 哲秀，看起来你很累。

B: 我很累。

A: 你为什么这么努力学习？

B: 我以后想当老师。我一定要考上首尔教育大学。

A: 你好厉害！

B: 你呢？你以后想当什么？

A: 我想当作家或者记者。

2.

① A: 你弟弟怎么这么任性？

B: 不管谁说，他都不听话。我很担心。

② A: 她去哪儿了？

B: 她去公园了。

A: 这么冷的天还去公园了吗？

B: 不管天气怎么样，她都去公园跑步。

11과 내일 너 뭐 할 계획이야? p98

1.

① 美娜：你看起来很累。

阿龙：这几天总是做噩梦，睡不好觉。

② 这几天总是下雨。

③ 她只是想跟你说话，没有别的意思。

④ 他学习汉语，只是为了看中国电影。

⑤ 这个孩子太任性，总是不听父母的话。

⑥ 阿龙：美娜，你又迟到了。

⑦ 阿龙：服务员，再来一碗米饭。

美娜：你又要吃一碗吗？

12과 월병이 아니라, 만두를 먹어. p106

1.

① A: 你昨天去补习班，对不对？

    B: 我昨天去的不是补习班，而是文具店。

② 我今天做的不是面包，而是煎鸡蛋。

③ A: 阿龙，这是你的本子吗？

    B: 这不是我的，而是珉珠的。

2.

A: 美娜，过年好！

B: 阿龙，春节愉快！祝你万事如意！

A: 谢谢你，祝你身体健康，心想事成。

종합문제 1~6과 정답 ·········· p58-61

1.

① 星期一我去医院看病。

② 我们一起去买礼物吧。

③ 金老师教我们汉语。

④ 美娜寄给我一封信。

2.

① 这个戒指好看是好看，可是太贵。

② 中国菜好吃是好吃，可是太油腻。

3.

① 她爱看书。

② 她爱看电影。

③ 他爱吃比萨饼。

④ 他爱玩儿电子游戏。

4.

① 祝你生日快乐！

② 星期一见！

③ 祝你学习进步！

5.

	[나]	[친구]
①	去过	没去过
②	没去过	去过
③	没吃过	吃过
④	没吃过	没吃过
⑤	听过	听过
⑥	看过	看过

6.

① 我觉得她唱得很好。

② 我觉得这件衣服很漂亮。

③ 我觉得这个药很苦。

④ 我觉得数学很难。

7.

① A: 这苹果怎么卖？

  B: 两块五一斤。

  A: 有点儿贵。便宜点儿，行吗？

  B: 行，两块一斤吧。你要几斤？

  A: 我要三斤。

  B: 一共六块。

② A: 这香瓜怎么卖？

  B: 四块一斤。

  A: 太贵了，可以打折吗？

  B: 可以，给您打八折。

  A: 给我两斤。

  B: 还要别的吗？

  A: 没有。

1.

① 除了北京以外，还去过什么地方？

② 妹妹一回家就做作业。

③ 雨越下越大。

④ 除了篮球以外，我都不会打。

⑤ 我从来没吃过北京烤鸭。

2.

① 肚子疼, 배가 아프다

② 冒冷汗, 식은땀이 나다

③ 发烧, 열이 나다

④ 吃药, 약을 먹다

⑤ 打点滴, 링거를 맞다

⑥ 住院, 입원하다

3.

① A：你以后想当什么？

　B：我以后想当画家或者演员。

② A：她在干什么？

　B：她在趟着听音乐。

③ A：她去哪儿？

　B：她去公园了。不管天气怎么样，她都去公园跑步。

④ 考试九点开始，她十点才到。

4.

① 我不但爱打网球，而且爱打排球。

② 他坐的不是公共汽车，而是地铁。

③ 他刚吃完方便面，又吃了比萨饼。

④ 天气越来越热。

5.

① 我看不见黑板上的字。

② 看得清楚吗？

6.

① 星期一：美娜打算做蛋糕。

② 星期二：美娜打算打排球。

③ 星期三：美娜打算跟妈妈一起去市场。

④ 星期四：美娜打算打扫房间。

⑤ 星期五：美娜打算去百货商场买衣服。

⑥ 星期六：美娜打算看电影。

부록

Memo

Memo

12과로 된 new 쑥쑥 주니어 중국어 3 메인북

개정2판1쇄	2022년 8월 25일
저자	한국외국어대학교 통역번역대학원 팀
	(박수제 박미경 조일신 서희승 전문정 홍혜율 김연수)
발행인	이기선
발행처	제이플러스
편집	윤현정
디자인	이지숙
삽화	전진희
등록번호	제10-1680호
등록일자	1998년 12월 9일
주소	서울시 마포구 월드컵로 31길 62
전화	영업부 02-332-8320 편집부 02-3142-2520
팩스	02-332-8321
홈페이지	www.jplus114.com
ISBN	979-11-5601-193-4(63720)

1과 - 빙고 게임

카드를 자른 다음, 9개를 선택해서 가로 세로 3줄로 배열합니다. 한사람씩 돌아가면서 "我愛~!"처럼 말하고, 나온 카드는 뒤집어 놓습니다. 가로나 세로, 대각선으로 2줄이 되면 "빙고"라고 외칩니다. 먼저 빙고를 외치는 사람이 이기는 게임입니다.

6과 -과일 사기

아래의 과일들을 잘라서, 과일이 얼마인지, 얼마나 사고 싶은지 가격은 모두 얼마인지 묻고 대답하는 연습을 해보세요.

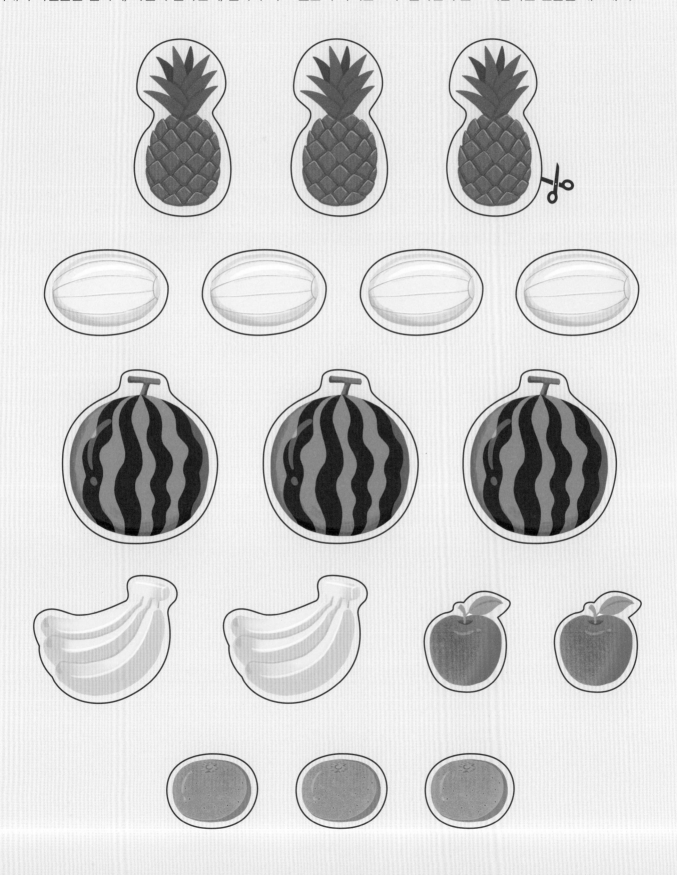

만들기

9과 -주사위

점선대로 오리고 붙여서 주사위를 만들어 보세요. 주사위가 완성되면 각 면에 증상 이름을 쓰고, 한 사람은 "你哪儿不舒服?"라고 묻고, 다른 한 사람은 주사위를 굴려서 나온 대로 대답합니다.

10과 -직업 카드

카드를 자른 다음, 골고루 섞어서 그림이 보이도록 펼쳐 놓으세요. 한 명이(선생님이 하시면 좋습니다) 직업 이름을 이야기하면, 그 것을 듣고 나머지 사람이 빠르게 카드를 가지고 옵니다. 가장 많은 카드를 가진 사람이 이기는 게임입니다.

오리는 선

高-低　　长-短

深-浅　　重-轻

新-旧　　难-容易

多-少　　快-慢

cháng-duǎn

길다 - 짧다

gāo-dī

높다 - 낮다

zhòng-qīng

무겁다 - 가볍다

shēn-qiǎn

깊다 - 얕다

nán-róngyì

어렵다 - 쉽다

xīn-jiù

새롭다 - 낡다

kuài-màn

빠르다 - 느리다

duō-shǎo

많다 - 적다

② 쇼핑

欢迎

② 쇼핑

光临

② 쇼핑

打折

② 쇼핑

试试

② 쇼핑

找

② 쇼핑

韩元

③ 옷에 관한 말

围巾

③ 옷에 관한 말

帽子

guānglín

왕림하다

huānyíng

환영하다

shìshi

입어보다

dǎzhé

할인하다

Hányuán

원(한국돈)

zhǎo

거슬러 주다

màozi

모자

wéijīn

목도리

手套儿

T恤

运动鞋

牛仔裤

大衣

毛衣

连衣裙

短裤

Txù

티셔츠

shǒutàor

장갑

niúzǎikù

청바지

yùndòngxié

운동화

máoyī

 스웨터

dàyī

 외투

duǎnkù

 반바지

liányīqún

 원피스

③ 옷에 관한 말

袜子

③ 옷에 관한 말

皮鞋

③ 옷에 관한 말

眼镜

④ 사자성어

名不虚传

④ 사자성어

对牛弹琴

④ 사자성어

如鱼得水

④ 사자성어

与众不同

④ 사자성어

梦想成真

píxié

구두

wàzi

 양말

míng bù
xū chuán

명성이 듣던
그대로이다

yǎnjìng

안경

rú yú
dé shuǐ

물고기가 물을
만난 것 같다

duì niú
tánqín

소 귀에 경 읽기

mèngxiǎng
chéngzhēn

꿈이 이루어지다

yǔ zhòng
bù tóng

남보다 뛰어나다

⑤ 증상

头疼

⑤ 증상

肚子疼

⑤ 증상

冒冷汗

⑤ 증상

发烧

⑤ 증상

咳嗽

⑤ 증상

嗓子疼

⑥ 병원과 관련된 말

打针

⑥ 병원과 관련된 말

吃药

dùzi téng

 배가 아프다

tóu téng

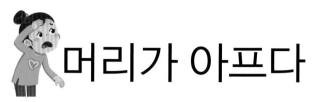 머리가 아프다

fāshāo

 열이 나다

mào lěnghàn

 식은땀이 나다

sǎngzi téng

 목이 아프다

késou

 기침하다

chīyào

 약을 먹다

dǎzhēn

 주사를 맞다

⑥ 병원과 관련된 말

打点滴

⑥ 병원과 관련된 말

量体温

⑥ 병원과 관련된 말

看病

⑥ 병원과 관련된 말

住院

⑦ 직업

医生

⑦ 직업

警察

⑦ 직업

公司职员

⑦ 직업

画家

liáng tǐwēn

 체온을 재다

dǎ diǎndī

 링거를 맞다

zhùyuàn

 입원하다

kànbìng

 진찰 받다

jǐngchá

 경찰관

yīshēng

 의사

huàjiā

 화가

gōngsī zhíyuán

 회사원

⑦ 직업

服装设计师

⑦ 직업

演员

⑦ 직업

歌手

⑦ 직업

运动员

⑦ 직업

厨师

⑦ 직업

模特儿

⑦ 직업

记者

⑦ 직업

律师

yǎnyuán

 배우

fúzhuāng shèjìshī

 패션 디자이너

yùndòng -yuán

 운동선수

gēshǒu

 가수

mótèr

 모델

chúshī

 요리사

lǜshī

 변호사

jìzhě

 기자

⑦ 직업

农民

⑦ 직업

外交官

⑧ 중국의 춘절

饺子

⑧ 중국의 춘절

春节

⑧ 중국의 춘절

压岁钱

⑧ 중국의 춘절

团圆

⑧ 중국의 춘절

新年

⑧ 중국의 춘절

恭喜

wàijiāoguān

 외교관

nóngmín

농부

Chūnjié

설날

jiǎozi

만두

tuányuán

가족이 한자리에 모이다

yāsuìqián

세뱃돈

gōngxǐ

축하하다

xīnnián

새해